詐欺の帝王

溝口 敦

文春新書

961

はじめに

裏社会の人間はどうカネを稼いでいるのか、彼らはふだん何をどう考え、どうカネを得るために行動しているのか、彼らの間ではどんなシノギ（稼ぎ）の種類があるのか……。

こういう興味から筆者は取材・調査に入ったのだが、取材を進めるうち、とんでもない人物に出会った。つい四年前まで詐欺業界の周辺で「オレオレ詐欺の帝王」といわれていた本藤彰《ほんどうあきら》（仮名）から詳細に詐欺世界について聞き取る機会を得たのだ。もちろん詐欺を仕掛ける側、加害者の立場から見た詐欺世界である。

オレオレ詐欺被害の様子などについては多く報じられているが、詐欺を仕掛ける側、つまり加害者側から見た詐欺、加害者たちがどう詐欺に取り組み、その業容を伸ばしていったか、生態を内側から知る機会はそうそうないはずである。

本藤は「帝王」の称号にたがわず詐欺世界の頂点を極めていた。最初にオレオレ詐欺を始めたのは彼のグループではないまでも、ごく初期のころ、二〇〇四年の初頭には始めている（藤野明男著『悪魔のささやき「オレオレ、オレ」——日本で最初に振り込め詐欺を始めた男』〔光文社〕によれば、〇三年三月ごろ成績の上がらないヤミ金メンバーの一人がオレオレ詐欺を自発的に始め、〇四年三月に一味は逮捕されたという。本藤のグループはこれとほぼ同時並行的にオレオレ詐欺を創始したものと見られる)。

グループが手掛けていた詐欺はオレオレ詐欺に留まらず、ワンクリック詐欺、未公開株詐欺、社債詐欺、イラク・ディナール詐欺など、詐欺のデパートといっていいほど多岐にわたっていた。

本藤は加害者的な存在とはいえ、あるいは加害者的だからこそ、現代の詐欺を解明するうえで最適の語り手だろう。おまけに本藤は詐欺グループの末端ではなく、頂点にいた。末端のメンバーが組織を見回し、詐欺の全体像を語るなど、できるわけがない。

末端は自分が体験した小さな事実を想像で膨らませて解釈・説明する。一部のライターがそれを真に受ける。取材が足りないと思うところはさらに自分の解釈と妄想で膨らませてレポートするから、特殊詐欺の世界はますます不分明になる。

本藤が筆者に語ってくれた一因に、こうした不正確なレポートへの反発もある。「事実がどうだったか、はっきりさせたい」は損得を越えた本藤の性格といっていい。

意外なことに、本藤には詐欺に関わる事件で逮捕歴も前科もない。各種詐欺を営むピラミッド組織の頂点に君臨したにもかかわらず、彼の身辺ににじり寄った捜査陣のうちベストの捜査でも、本藤の元配下の逮捕で捜査は打ち切りになった。警察が元配下を「振り込め詐欺のキング」と誤認し、元配下もそれを否定せず、本藤の名を毛ほども出さなかったからと見られる。

というわけで、本藤は逮捕されないまま現在に至り、今は自分に合った新しいカタギの仕事がないか、模索しているところである。いくらカネが儲かろうと、詐欺人生はもういいと語っている。

漠然とだが、社会への償いについても考えている。「法的に刑罰を受けないかぎり償いにならないかもしれないが、刑罰なしでも自分ができる範囲で償いたい」という考えである。最近、身近に思うに任せないことが多いらしく、「これも因果応報です」を口癖にしている。

本藤彰は三〇代後半、一七八センチと背が高く、弁舌はさわやか。暴力臭はまるでなく、知的に諄々と説得していくタイプと見受ける。頭は非常に切れ、カタギのどんな仕事についてもきちんとこなしただろうと思わせる。事実、彼は大学卒業後、大手の広告会社に五年ほど在籍したことがある。

もちろん本藤がやってきたことは社会的にも法的にも非難されて当然だろう。被害者が受けた被害額もその多くが回復されていないと見られる。

しかし私はこの新書で本藤がやってきたことの是非善悪を喋々したくない。彼が成した悪事を糾弾するより、彼が語る詐欺世界の実相を伝える方が世を裨益すること大だろうと考えるからだ。どのような人間が詐欺世界の頂点を極めるのか、私の場合は刑罰より人間への興味の方が大きい。それに彼が現役時、グループが犯した詐欺は、すでに時効を迎えている可能性もあるから、私は中立、客観を旨にしようと思う。

また本藤が筆者の質問に答え、筆者がここに書くことで、彼に法的な不利益をもたらすわけにはいかないから、彼と彼の関係が深い者、関係の深い組織については、事実関係をぼかし、仮名にする。ものごとを書く仕事も社会正義の実現に一歩でも近づこうとする作業のはずだが、登場人物たちへの法的な責任追及は筆者の任ではない。

この新書のテーマは裏社会のシノギについて探ることだが、図らずも本藤から真率な語りを引き出すことができ、現代における詐欺グループの生成史についても、ある程度解明できるのではと自負している。

詐欺の帝王◎目次

はじめに　3

第一章　「伝説の詐欺帝王」前史　11
半グレ集団の黒幕、キャバクラ嬢のパトロン／「ツヨメ」「チャライ」「オラオラ」／「箱屋」が介在／バックは大物組長／ヴェルファーレを独占的に予約／大手広告会社に就職／スーフリ事件への関与を疑われる／〝ヤミ金〟五菱会の摘発

第二章　五菱会のヤミ金が原点　45
五代目の「五」と山口組代紋の「菱」／政治家、俳優を引き連れる／その辺のアンちゃんが店員に／主婦相手の金貸しからスタート／ヤミ金三人心中事件

第三章　システム詐欺とは何か　65
裏社会＝暴力団と半グレ／被害額四八六億九〇〇〇万円／「かぶせ」という

ワナ／詐欺犯にも三分の理

第四章　ヤミ金からシステム詐欺に　83
山健組に非ざれば山口組に非ず／ヤミ金の三種の神器／店舗三〇〇、従業員一三〇〇／「架空請求屋はヤミ金の進化型なんです」／即時に振り込むよう誘導

第五章　鉄壁の経営とトラブル　107
金属バット襲撃事件／「ヤミ金がやれない人間は物にならない」／「運転免許を持っていない者を選べ」／「死体は血抜きして捌いておく」／税務署員が朝七時に来訪／歌舞伎町五人衆／伝説のナンバーワン・キャバ嬢

第六章　システム詐欺と暴力団　137
暴力団より優勢に／イベサー出身のヤクザ／振り込め詐欺のキング／高度に組織化された職業的詐欺／新宿歌舞伎町「もえはうす」／「電動ノコギリは

嫌です！」／国際指名手配された近藤

第七章　思いついたイラク・ディナール詐欺　167
円に両替できない通貨／詐欺師業界でブームに／詐欺の原則は「かぶせ」／「もう潮時かな」／ダイヤルQ2で荒稼ぎ／システム詐欺の母体はテレカ／族からヤミ金へ／刑務所内の作文で優秀賞／やめるネックは巨額資金

終章　システム詐欺がなくなる日　199
「儲けたい」「勝ちたい」「隠したい」という欲求／新手の「詐欺被害返金詐欺」／詐欺師を守り免罪する者たち

第一章　「伝説の詐欺帝王」前史

半グレ集団の黒幕、キャバクラ嬢のパトロン

「オレオレ詐欺の帝王」本藤彰には若いころから伝説がつきまとっていた。

どういう伝説かといえば……、

イベサー（イベント・サークル）世界の帝王、イベサーのケツモチ（後見人）上がりのヤミ金融・振り込め詐欺の帝王、歌舞伎町五人衆の筆頭、有名キャバクラ嬢のパトロン、半グレ集団関東連合の黒幕、山口組山健組系組長の企業舎弟、数百億円を握った正体不明の大物……といったものである。

本藤については過去、2ちゃんねるなどの匿名掲示板やSNSなどで多くの噂が取り沙汰され、インターネット上には、本藤彰という人間は「存在しません、騙されないでください！」と注意を呼び掛けるページさえ見られた。

だが、言うまでもなく本藤は実在の人物である。実在を疑われるのは、これまで彼が極力表に出ないようにしていたからにすぎない。前記したように、筆者は何度か彼にインタビューを重ねている。

本藤について伝えられる上記のような都市伝説はかなり具体的な事項を含むが、その中

で明白な誤りは「関東連合の黒幕」「山健組系組長の企業舎弟」だけだろう。彼は暴走族の出身者ではないし、関東連合に属したことも、関東連合の名を騙ったこともない。また山口組に限らず、住吉会、稲川会などの幹部たちとパイプを通じていたことはたしかだが、暴力団にゲソをつけた（籍を置いた）ことは一度もない。

本藤は三年前、特殊詐欺からいっさい手を引き、今は暴力団や半グレ集団と交際していない。法的にはカタギである。

以下、本藤がどのようにして「ヤミ金・振り込め詐欺の帝王」にのし上がるための基盤をつくっていったか、彼自身の口と関係資料を通して明らかにしていきたい。

そのことからヤミ金・振り込め詐欺がどのような形で成立したのか、どのような者がその業に従ったのか、その業がどのような性格のものなのか、おのずと浮き上がってくるはずである。

本藤の外見は企業の中間管理職風で、物腰は穏やか。話す内容は的確だが、かなり早口である。

一九七六年、九州の某県で生まれている。生家は阪急百貨店に卸すなど手広く日用品の卸商を営み、経済的には恵まれていた。大学に受かる一八歳まで九州で育っている。父親からは「東京六大学なら入学を認めるが、六大学に一つも受からないようでは、大学進学は認めない」と釘を刺されていた。

九五年、東京六大学の一つに現役で合格、経済商業関係の学部に進んだ。そこは念願の志望校ではなかったが、浪人してまた受験勉強を続けるのは堪らないと思い、心ならずも入学を決めたと本人は語っている。

本藤は上京し、京王線の沿線に住んだ。

九州からポッと上京したのだ。大学には一人の知り合いも友人もいない。一人だとなにもできないなと痛感したという。

そのうち四つ年上の後藤研二（仮名）と親しくなった。後藤の父親はのちに、警視総監になるのだが、後藤自身は大学付属中学校にいたころから非行化し、渋谷を拠点に遊び歩いていた。付属高校に進んだころには渋谷のチーマーだった。

ウィキペディア「チーマー」の項は、次のように説明している。

〈彼らは、渋谷センター街などでたむろしてグループ同士で抗争を行ったり、一般人に喧嘩を売る、パーティー券などの押し売りをする、等を行うようになり、（略）一九九二年から一九九三年頃の渋谷では、店舗が軒並み閉店した深夜の渋谷センター街を大量のチー

マーが占拠する事態に発展していた〉

チーマーは、エスカレーター式に大学に進める安心感からか、付属高校や付属中学の生徒が多かった。後藤もその一人だったが、警察高級官僚の父親が彼の素行を見かね、彼を付属高校から英・ロンドンの高校に送り込んだ。三〜四年後、日本に戻った後藤は学習院大学に入学した。後藤は現役で入学した者より四年も年長だったから友人ができにくく、大人びたところのある本藤と学外で親しくなったのだろう。

当時、渋谷を拠点にするチーマーのグループにUがあった。本藤は後藤に道案内される形で短期間、Uに関係した。本藤によれば、Uは単車に乗らない暴走族のような集まりだったという。

当時、高校生でチーマーだった者が大学に入ってやることはイベサーだった。本藤と後藤もイベサーに関係した。本藤が入部したのは大学の公認サークルだった「サイドキックス」である。

「ここは公認サークルなので、大学から割に広い部室を与えられていた。それを自由に使える。ぼくは授業には寝坊しても、ここには毎日顔を出してました。当時はやりだったコギャルやサークルに入っていない人間などもおおぜい顔を出して、溜まり場になってい

た」（本藤）

「ツヨメ」「チャライ」「オラオラ」

イベサーと言われても、世代が違えば分からない。解説が必要だろう。

荒井悠介という人物がいる。現在、慶応義塾大学SFC研究所上席所員とのことだが、この荒井は二〇〇一年に明治大学に入学後、渋谷のイベサー「ive.」に参加した。荒井は一九八二年生まれだから、本藤より六歳下、本藤も当時の荒井についてはうろ覚えに記憶している。

荒井は渋谷「ive.」時代の体験をもとに『ギャルとギャル男の文化人類学』（新潮新書）を著している。

荒井は同書の中で、イベサー文化を支える「サー人」（イベントサークルに所属する人間たちの価値観に言及し、こう記している。

〈「ツヨメ」が社会的逸脱、「チャライ」が性的逸脱であるなら、「オラオラ」は道徳的逸脱を表す。社会的な経歴に傷をつけない程度の反道徳的行為や態度、逮捕などの危険性が少ないグレーな仕事や知識などが「オラオラ」である〉

昔でいえば、ヨタってトッポイ大学生がサー人だったのだろう。学問の世界とは遠いが、少し崩れた人間の方が社会に出てから使えるといった評価もあり、オラオラ的な態度や生活はさほど異とするに足りない。

イベントサークルの最盛期は一九八〇年代のバブル期である。七〇年代に大学別のサークルから大学を問わず横につながるインカレ（インターカレッジ）が主流になり、それがさらに「リーグ」と呼ばれる上部組織にまとめられ、共同催事を行うケースが増えていった。リーグは傘下のサークルを動員して合同ディスコパーティーなどを開き、それにミズノや日産自動車、JTBなどが協賛して、企業化を強めていく。

このころのイベントサークルを代表する人物としては西川りゅうじん（商業開発研究所レゾン所長）が挙げられる。本藤の一つ上の世代にとっては、西川は攻守ところを変えて、スポンサーとして登場している。

本藤が当時を振り返る。

「イベントサークル時代、ぼくらが破竹の勢いで進撃できたのは、イベサー時代の初期をつくった人間たちが食いつぶした跡だったからという事情もあります。

ぼくが入った『サイドキックス』ではKという男が入ってきたチーマー連中を引き受け、

入部当初には部員が一〇〇人もいた。ところがKは毎月パーティー券をわれわれに売らせた。麻布十番のディスコ『マハラジャ』を借りてやるパーティーですが、一五万円で借りられるところ、われわれには四〇万円だと言って毎回二五万円抜いていた。

毎月のカネ集めに耐えられず、残ったのはぼくを含め一〇人ほどでした。Kのやり口はちょっと汚い。Kなど上の人間を追い出して、われわれが乗っ取ろうとなりました」

そのころリーグクラスを仕切る大先輩にSTがいた。STは「トライアローグ」という上位レベルのサークルを立ち上げ、「各サークルで天辺にいる者は集まれ」と声を掛けた。

このSTは東大出身で、後にマッキンゼーに入社する男である。とにかく頭が切れる、口が達者、お金を持ってくるのが得意ということで、STは後輩たちに慕われていた。

「一度麻布十番の『マハラジャ』でSTから声を掛けられた。『お前、本藤か。頑張れよ』ぐらいなものでしたが、とにかくぼくも『トライアローグ』に参加し、彼の差配を間近に見て、これはすごい、勉強した、という気になりました。

彼のすごいところは、住吉会の福田晴瞭前会長の息子や、後に稲川会の本部長になる稲川英希（稲川会三代目・稲川裕紘会長の長男、引退）君をアゴで使っていたことです。

英希君とは学生時代、何回か遊びましたが、彼は当時、駒沢公園近くのマンションに住み、覚せい剤をやっていた。遊びに行くと、『お前もやれよ』なんていわれましたが、STは英希君に対しても『お前、変な遊びすんじゃないよ』と平気で注意していた。英希君もあっさり『あ、ごめんね』と流してました」（本藤）

そのころ日比谷のディスコ『ラジオシティ』には毎週金曜に稲川英希が、麻布十番の『マハラジャ』には福田前会長の長男がよく顔を見せていた。両店ともドレスコードをつくるなど（週末には特に）裕福な学生層を主要ターゲットにする営業を展開していた。その関係でSTとも知り合ったのだろう。

「一度『逗子マリーナ』だったか、STは巨大イベントをやりました。日産自動車がスポンサーになり、一流化粧品メーカーが商品を提供するなど、一億円近いカネを集めた。学生サークルというより学生を使って企業からカネを引っ張る人物で、これはかなり勉強になりました」（本藤）

大きなイベントには暴力団がちょっかいを出してくる。だが、そのイベントに稲川会、住吉会という大暴力団幹部の子息が加わっていれば、暴力団も迂闊に手を出せない。STにはそういう計算もあった。

「一度、暴力団が怖くないですかと聞いたら、

『全然怖くない。というのは、暴力団は損得勘定で生きているから、俺を殺してもメリットがないと知ってる。殺して懲役二〇年より俺を利用した方が得に決まっている』と、言ってました。ぼくが暴力団への対応を学んだのはSTのこの言葉が大きい。結局、暴力団もSTのような頭の切れる人の手の上で踊らされるんだと思いました」（本藤）

本藤はチーマーやサー人と交際するうち、彼らの世界で何が重要か、素早く読み取っていった。

サークルに所属する者も、誘われてイベントに参加する者も、目的はディスコなどでの夜遊びやナンパである。サークルのリーダーにとってはパーティー券を売り捌くことで収入も見込めた。

本藤が入学した九五年はすでにバブル経済が崩壊して四〜五年たっていたが、それでもまだバブル期の余韻はわずかながら残っていた。サークルはほとんど大学別のサークルではなくインカレで、どこの大学生でも参加自由だったから、集客に成功しさえすれば、学生という身分ではあり得ないような多額を稼ぐことができた。

「箱屋」が介在

イベサーは興行師の面も持つ。後に触れるが、イベサーにヤクザ、暴力団がからんでくるのは必然だった。

イベントのチケットはイベサーに所属する学生が売り捌く。彼らは多く捌けばサークル内で地位が上がり、その分異性にもモテる。幹部もメンバーに「チケットを捌け」とムチを入れていた。

しかしチケットの販売もさることながら、会場の確保も重要だった。イベントを開くためには大型のディスコやクラブを「箱貸し」してもらわなければならない。学生が憧れるような流行りの箱を押さえなければ集客は見込めない。

八四年、先にちょっと触れたが、港区麻布十番に「マハラジャ」がグループの旗艦店としてオープンしている。九四年には折口雅博が仕掛け、アジア最大のディスコといわれた「ヴェルファーレ」が港区六本木にオープンした。

こうした大きく晴れやかな会場は学生の身分では借りづらい。「箱屋」が介在して主宰者の支払いを保証することで、ようやく借りられるシステムだった。

箱屋になるのは稲川会や住吉会など地つきの組の組長や幹部、あるいはヤクザや店側と交渉できるイベサーの古参ＯＢである。イベントサークルはヤクザ風というか、軟派でありながら、体育会系の気質が混入して実力ある古参ＯＢの権限が強かった。

「箱屋」は同時にイベント開催サークルの「ケツモチ」を兼ねる場合が多かった。他のサークルや参加客、暴力団などが主宰者側にクレームをつけるなど、何らかの形でトラブルが発生した際、話をつけ解決する役である。

「ヴェルファーレの二階にＶＩＰルームがあった。イベントを合同で開く場合、どこのサークルのどんなケツモチをＶＩＰルームに入れるか、ほとんど競り合いになった。

『うちは住吉会の誰それさんだ』

『いや、うちは山口組系の御大に出てもらう』

というわけで、結局はその世界でウムをいわせない有力者にパイプを持つ者が発言権を持ったわけです。関東連合の上の方も会場には招かれてましたが、招待客であって、ケツモチとしてじゃない」（本藤）

暴力団幹部は学生のイベントを面白がり、丁重に迎えられることを名誉と心得ていたフシがある。彼らのイベサーへの関わりは利害得失だけでなく、学生の動きを面白がる気持ちもあった。

サークルは当然ケツモチにケツモチ代を支払った。ケツモチはそのサークルで強い影響力を振るい、サークルの女性会員などによる性的供応を受ける場合もあったらしい。

　本藤はイベサー時代について、次のように自己紹介したことがある。

〈関東の全ての大学生イベサーを一堂に集めた巨大イベント「キャンパスサミット」を設立。ビクターから毎年CDを発売、初年度で二〇万枚売りました〉

　このキャンパスサミットは一九九五年、本藤が東京で始めた学生イベントであり、現在も続いている。

　九五年といえば、本藤が大学に入学したばかりの一年生だったことを思い起して欲しい。いかに本藤が電光石火の速さでイベント界を席捲したか、自明だろう。本藤は回り回って前出の先輩STの系列に入り、STの後にはたいした人物がいなくなっていた。

　キャンパスサミット二〇一三年のテーマは「ガールルズ・サマー・フェスティバル」で、それを告知するページに、こう記されている。

〈大学生を中心としたサークルがメインスタッフとなり、ネットワークは日本全国に及び、最大開催時の会場が日本全国四七都道府県五七会場を数える。参加サークルは日本全国から数百を数え、ティーンから大学生まで、若者に対して絶対的な揺るぎないブランド力を誇る。過去一九年間のイベント累計動員数は、三〇万人を数え、タイアップCDは累計四

七万枚超（略）。七月から九月の約三ヶ月間にわたり、日本全国各地で開催される〉

エイベックスから発売されたCDにはブックレットがつき、ブックレットにはキャンパスサミットに参加するサークル名が記載された。これに載ることが地方の大学では自慢になり、翌年も引き続き参加する気にさせる仕掛けである。

本藤はキャンパスサミットを軌道に乗せてイベントサークル界の黒幕として君臨した。イベサー界の権力構造はピラミッド型を成している。頂点に立つのは①巨大合同イベントの創設者である本藤、次の地位は②合同イベントのトップ、その下が③合同イベントの現場のトップ、さらに下位が④有名サークル創設者、その下が⑤有名サークル総代表、底辺が⑥サークル代表……となる。

バックは大物組長

各イベントサークルは必ず「系列」に入っていた。各系列にはそれぞれ支配者がいて、イベサーの最盛期には全国に五つの系列があった。

本藤が説明する。

「必ずイベントサークルは『系列』に入っています。入らなかった場合は、何処かの系列に必ず潰されます。系列のトップにはケツモチが存在します。どの系列もかなり大物の暴力団組長がついてました。

世上いわれるように関東連合や怒羅権《ドラゴン》がイベントサークルのケツモチをするなどあり得ない。ことによると個別に小サークルのケツモチぐらいしたかもしれないが、（そういう噂が流れたのは）関東連合を大きく見せようという世論操作でしょう。ひどいものです。

五つの系列はこうです。

・私の本藤系列。これは全イベサーの半数以上を系列下に置き、現在はIHが仕切ってます。
・MK系列。これは後にYN系列とKM系列に分裂しました。
・FK系列。
・KT系列。
・その他。

荒井悠介の「ive.」はYNの系列でした。YNの実父が五代目山口組の直参（直系組長）で渡辺芳則組長の秘書だった佐藤組の相談役だったことから、YN系列は山口組系と見られていた。「ive.」を創設したのはYとIという人間で、次の代のOという大田区でやんちゃしてたヤツが有名でした。

荒井悠介の世代では、ＤＯＧが有名で、初代ＤＯＧは、新宿方面でジャックスというチームを作ったＹくんが立ち上げている。ＤＯＧの何代目かの代表がＫ兄弟の弟だと聞いています」

関東連合は一二年九月、六本木のクラブで客の飲食店経営者を人違いして集団暴行、死に至らしめたが、彼らは被害者を「Ｋ兄弟の弟」と間違えている。

話が脱線したが、本来の筋に戻そう。

本藤は勢いを駆って、高校生のオピニオンリーダーや雑誌のモデルを集めた「Ｄ－１ドリーム・プロジェクト」も創設した。全国の高校生サークルに声を掛けて巨大イベントを立ち上げ、その音源をエイベックスからＣＤとして発売、累計数百万枚を売った。

この「Ｄ－１ドリーム・プロジェクト」は現在も継続し、高校生イベントとしては最大という。

イベントの成立を目指して各組織に呼び掛け、連合プロジェクトを立ち上げる。連合体は主宰側がサービスや商品を提供すれば、必ずといっていいほど購入する販路でもある。

本藤はやれば絶対儲かる大イベントを企画、実施に持ち込む名手だった。彼の力の源泉は学生を集める力、集客力だったろう。全国の大学イベントサークルを束ね、統率することで自動的に大学生中心の動員力をものにしていた。彼の動員力が大人の世界、芸能業界や広告業界、化粧品メーカーや車メーカーなどに「販路」や「集客力」の確保として、魅力的に映っただろうことは想像に難くない。

本藤は学生の身で早くも事業的な才覚を身につけたといえる。同時にイベント開催に向けて動く実作業は本藤に強固な人脈をもたらした。芸能プロダクションや大手広告会社、暴力団世界、「ツヨメでチャラくてオラオラで」と表現されるイベサー世界での同僚や後輩たち。そして親友の後藤を通した警察へのパイプ。後藤は後に本藤と同じ大手広告会社に就職している。

本藤は語る。

「毎週、土日の昼間は大型店でも空いている。マハラジャでも一時間一五万円で借りられた。しかし箱屋を通すと、箱屋はそれに二五万円を乗っけて、われわれに四〇万円で卸した。彼らは一週間に二本は会場を取っていたから、五〇万円は楽に稼ぐ。月に十何本もこなしていたから、これはおいしい商売だと思いました」

ヴェルファーレを独占的に予約

ヴェルファーレも土日の昼間は空いている。なにしろ収容人員が一五〇〇人、無理すれば二〇〇〇人は入れる。埋めきれる催事はそうそうなく、箱屋が手をつけられる規模でもなかった。

本藤はヴェルファーレに目をつけた。ヴェルファーレはエイベックスと関係が深いため、すでに前記のイベントを通して顔がつながっているエイベックスの幹部に話し、そこから紹介を受ける形でヴェルファーレのトップと親しくなった。ほどなく気軽に会場取りができるまでになる、というルートである。

ヴェルファーレをほぼ独占的に予約できることは、本藤に高収入をもたらす強力な武器になった。

本藤の最初の考えはこうだった。

各大学のイベントサークルをまとめ上げ、合同イベントをやったらどうか。たとえば五〇サークルを集め、五〜六時間会場を借りる。ヴェルファーレは一時間二〇万円で貸すといっている。六時間なら一二〇万円だ。それを売値二〇〇万円にして、参加サークルに割り振る。と、ヴェルファーレでイベントを開く都度、本藤は八〇万円が儲かる。

早稲田大学にイベントサークル「スーパーフリー」（以下スーフリと略）があった。スーフリの主宰者・和田真一郎は七四年生まれ、本藤より二歳年長である。後の話になるが、和田は〇三年スーフリ・レイプ事件を起こし、準強姦罪で懲役一四年の実刑を宣せられ、現在も服役している（これについては後述する）。

和田が主宰したスーフリは全国どこの派閥にも入らず、本藤としてはむかつく存在だったという。

「スーフリはたしかに客集めの力が強く、派閥に入らなくても何とかなると考えたのだろう。ある日、和田がぼくにヴェルファーレをお願いできませんか、と頼みに来た。スーフリだけで会場を埋める自信がありますという。

『いいよ、六時間二〇〇万円だ』と答えると、『二〇〇万円が二五〇万円になっても結構です。箱を取れれば何とかなる』と言った。

スーフリはふつうチケット代が一五〇〇円ぐらいなところ、三五〇〇円ぐらいで売る。二〇〇〇枚売れれば七〇〇万円の収入になるから、会場費の二五〇万円なんか問題にならない。

だからぼくは遠慮なくスーフリからは二五〇万円取り、毎回一三〇万円儲けていた。和田はそのころ毎月のように日曜の午後、同店でディスコ・パーティーを開いたから、ぼくの儲けもそれだけ膨らんだ」

本藤は大学一年のとき九州の実家から仕送りを受けていたが、以降は仕送りを必要としなくなった。授業料は楽に自前の稼ぎで払えたし、後輩たちに気前よく奢った上、大変な額を貯金までできた。

先に言及した「(本藤は存在しないから)騙されないでください」というページには、サークルの後輩、ないし同期と思われる者から次の反論が寄せられている。

〈それ(本藤の存在)架空じゃねーよ。(あんた方は)ネットでしか情報を集めないで(集めてないから、そして本藤に過去)関わってないから知らないだけ。まーどっちでも良いんだけどP大(原文は実名)のイベサーの大王A(本藤の愛称)なら、いた。王のつく名称を好んでた。都内のイベやパーティーに参加してた奴なら誰でも知ってる。パンフに名前載っててる。チーマー達をまとめてたのも本当で、その後の話を作ったんではと思う。大手広告代理店(原文は実名)に入社までは知ってたけど、その後に裏世界にいるかは分からない。法律もめちゃくちゃ詳しく(ガキの頃は無知だから当時すげーと思ってた)頭すげー良くて切れる人だったし、裏世界に入るような人じゃないと思ってる。その後のフィクサー

辺り（の話）から信じられないから、誰かが勝手に作ったんでは？〉
本藤は学生時代から一頭地を抜く存在だった。おまけにその頭は切れるばかりか、不良性を帯びていた。事後の安全が保たれるなら、採る手段の合法、非合法に頓着せず、効率で物事を決めた。数年後、オレオレ詐欺に手を染める下地はできていたというべきだろう。
荒井悠介は前記「オラオラ」の説明の後にこう続けている。
〈具体例を挙げると、ケツモチや暴力団関係者とのダークな人脈、法律に抵触スレスレの仕事（出会い系サイトの「サクラ」など）、他者を威圧するような言葉づかいや態度、脱法ドラッグ（通常の違法ドラッグと同等の効果を持つが、法律上違法と認定されていないもの）や法律の抜け穴などに関する知識などである。
いずれも明確な違法行為ではない。「ワルそうであること」＋「強そうであること」＝「ヤバそうであること」が「オラオラ」と呼ばれる価値基準なのだ。
あくまでギリギリの反道徳的行為を指す、オラオラという価値観。これは暴力が発生しそうな現場にも効力を発揮する〉
本藤も当然、オラオラ性を体現していた。それも付け焼き刃的ではなく、危急を告げるような場であっても、暴力をためらいそうもない物騒さ、非情さを秘めながら、他方、怜悧にソロバンを弾けるタイプだった。

大手広告会社に就職

とはいえ、本藤に大望があったわけではない。描いていた将来像は意外にも平凡だった。彼がイベントサークルに所属したのも、サークルでの体験や人脈が後の就職活動に役立つのではないかという計算からである。

まともな会社に就職し、まともに勤めることを考えていた。事実、彼は大学の講義にはまじめに出席し、四年間の成績で良は一つだけ、後はすべて優という成績だった。ゼミではゼミ長を務めた。「イノベーションと生産管理」がテーマだった。本藤が学部を次席で卒業したというのも十分納得できる。

彼は狙い通り一九九九年、大学を卒業し、大手の広告会社に就職した。成績がよかったし、イベサーのケツモチ、束ねをしていたから、会社の常務とも親しかった。常務は当然本藤を推薦し、自社に来てもらいたがった。

入った広告会社は広告を通してメディアを支配し、社会を動かすと恐れられる一方、社員への高給と好待遇で知られていた。本藤自身は、広告会社は多分野の企業をクライアントとしているため、現代の企業社会を知るためには一番と考えていた。

当初、配属されたのは雑誌局だった。毎号、出版各社から雑誌が出る度、新聞やテレビへの広告出稿を仲介する部署である。

本藤は四年ほど無難に広告マンとして過ごしながら、大学時代に引き続いて主要大学イベントサークルの面倒も見ていた。余人をもって代え難い力量と人脈から頼まれることも多かったし、本藤に少なくない額の副収入ももたらした。

だが、二〇〇三年六月、突然思い掛けぬ方角から火の手が上がった。

警視庁麻布署が早大のイベサー「スーパーフリー」代表者・和田ら五人を強姦容疑で逮捕したのだ。これによりスーフリ・レイプ事件が幕を開けた。本藤は広告会社の社員になった後もスーフリのケツモチをしていたから、事件を対岸の火事と見ることはできなかった。

スーフリ事件について知る人は多いだろうが、ここで一応事件の概要を踏まえておこう。

スーフリ事件は早大を拠点とするインカレ・サークル「スーパーフリー」を舞台にした、女性メンバーを被害者にする組織的、常習的な輪姦事件だった。早大生・和田真一郎がスーフリの主宰者で集団輪姦事件の主犯格だったが、逮捕起訴された被告には慶応大、日大、学習院大、東大、法政大などの学生メンバーも含まれていた。

和田は九三年中央大学に合格、入学したが、翌九四年、早大政経学部に入り直した。二〇〇〇年に授業料の未納で除籍になったが、あくまでも学生の身分とスーフリで握る権力に固執し、〇二年早大第二文学部に再入学した。事件の発覚、逮捕に伴い、〇三年七月、同大学を退学処分となっている。

和田は早大に入学して間もなくスーフリに加入した。スーフリはディスコ・パーティーや各種ツアーなどイベントの企画・運営を目的とするサークルで、当時は四月と五月に居酒屋で飲み会を開く程度の小規模な活動しかしていなかったが、九五年六月、和田がサークルの代表に就任すると、さまざまなイベントを企画し、次第にダンスパーティーや飲み会の規模を拡大、二〇〇三年当時には東京だけでなく、全国各地に支部を置き、一回当たり千数百人も客を集めるようになった。

その間、サークルの他のスタッフは順次卒業し、活動から引退していったが、和田だけは大学に在籍し、サークル代表の地位に留まり続けた。そのため他のスタッフとの間には年齢差や力量差が広がり、イベント内容や全国展開の方法等についても、和田が最終的に決定した。和田は学生を続けるかたわら有限会社「スーパーフリー」を経営、スーフリのイベント企画・主宰でカネ稼ぎもしていた。

二〇〇二年三月ころからは、サークルの運営に関与するスタッフを協力姿勢やチケットの売り上げ枚数などにより一軍、二軍、ボーイズなどと格付けし、時には暴力を振るってスタッフを統制した。

和田は一九九九年ごろからイベント後の二次会（スタッフ中心の飲み会）などで参加した女性に飲酒を強いて泥酔させ、カラオケボックスや居酒屋の非常階段など人目につかない場所に連れ込み、複数のスタッフなどで「回し」（輪姦）を繰り返した。〇一年ごろからは和田の自宅兼サークル事務所だった豊島区高田のマンションにも酔いつぶした女性を連れ込み、しばしば回していた。

和田の供述によれば、スーフリの先輩に回しを実行していた者はいなかったというから、和田がスーフリを「輪姦を目的とする高度の組織的な犯罪集団」（東京地裁、〇四年一一月二日、和田への判決文）に変質させたといって過言ではない。

女性を酔いつぶす手段としては、スーフリ内で「スペシャルサワー」、あるいは「スーパーヤリヤリサワー」（九六度のスピリタスを混ぜたもの）と称する高濃度のアルコール飲料を口元に押しつけるようにして飲ませた。

スーフリ内では輪姦に積極的に参加するグループを「鬼畜班」、参加に消極的なものを「和み班」と称した。和田はしばしば「ギャルは撃つ（性交する、輪姦する）ための公共物だ。みんなで撃てれば、連帯感が生まれる」とうそぶいていた。

警察の取り調べでスーフリ・スタッフによる約三〇件の輪姦事件、被害者が判明したが、起訴されたのは、

○一年一二月、和田の前記自宅兼事務所で開かれた鍋パーティーで当時一九歳の女性を泥酔させた上、三人で輪姦した。

○三年四月、六本木の居酒屋で開かれた二次会で当時一八歳の女性を泥酔させ、一階下の玄関マット上に寝かせ、一時間半の間に一三人が輪姦した。

○三年五月、六本木の居酒屋で開かれた二次会で当時二〇歳の女性を泥酔させ、人通りのないエレベータフロアで五人が輪姦した。

……三事件に限定された。

スーフリ事件への関与を疑われる

和田に対しては〇四年一一月、東京地裁で懲役一四年の実刑判決が下った。和田は判決

を不服として高裁に控訴し、最高裁にも上告したが、いずれも棄却され、刑は確定した。他の被告一三人に対しては懲役二年四月〜一〇年の実刑判決が下された。

和田に対する一審判決で、裁判官は次のようにスーフリ・メンバーを糾弾した。

〈被告人らは、本件各犯行において、野獣が群がるかのように次々と各被害女性の貞操を蹂躙するなど、陵辱の限りを尽くしているのであり、こうした、各被害女性の人格や心情を一顧だにすることなく、単なる自己の性欲のはけ口ないし快楽を得る道具としてのみ扱うような本件の各犯行態様はいずれも、冷酷非道というほかなく、被告人らのすさんだ精神状態を如実に示すものである〉

スーフリ輪姦事件の摘発は社会に強い衝撃を与えた。事件を受けて翌〇四年一二月、刑法一七八条の二に集団強姦罪（四年以上二〇年以下の有期懲役）が、一八一条三項には集団強姦致死傷罪（無期または六年以上三〇年以下の有期懲役）が、それぞれ新設された。

また在学中にスーフリに加盟し、逮捕されることなく卒業、ＯＢとなった者が電通や博報堂などの大手広告代理店、大手出版社、テレビ局などに紛れ込んでいるのではないかという観測が雑誌メディアやネットを中心に行われた。本藤の実名を出して疑惑を報じるメールマガジンさえあった。

本藤はスーフリのケツモチをしていたくらいで無関係ではあり得なかったが、学生と一緒に輪姦に加わるほど愚かでも、女性に飢えてもいなかった。しかし、勤務する大手広告会社には何人かスーフリ出身者がいたこともあり、本藤も関与を疑われて、〇三年、グループ会社に左遷された。

本藤は腐り、ほどなく再就職の当てもないまま退社した。大手広告会社を舞台にハデに世界に向けてイベントを仕掛ける夢はこれで潰えたのだ。

しかし本藤には学生時代にケツモチや箱屋などで蓄えた資金があった。それを資本に何か新しい仕事を始められるのではないかと彼は考えた。

"ヤミ金" 五菱会の摘発

本藤が退職した〇三年、スーフリ事件への着火と同じく、ヤミ金、山口組直系五菱会(現清水一家、総長・高木康男)に対する摘発が本格化した。

摘発の一年前、〇二年一一月、長崎県警が五菱会傘下のヤミ金グループ「TO」社長・松崎敏和の自宅を関係先として家宅捜索した。部屋からは割引金融債(ワリサイ)やその計算書、円やドルなどの現金が出て来、割債の額面は合計一〇億円に達していた。だが、このとき県警は「犯罪収益」という確証が得られなかったため押収せず、単に写真を撮るだけで引き揚げた。

翌〇三年一月、警視庁、愛知県警、広島県警、福島県警の合同捜査本部が新宿の貸金業「アームズ」の経営者（五菱会系組員）を逮捕した。

こうした警察の動きから五菱会は、警察がついに五菱会のヤミ金システム全体に捜査の手を伸ばし始めたと察知し、慌ててそれまでの収益金の後始末を始めた。どうやって膨大な額のカネを隠すか。警察の手が絶対に及ばず、犯罪収益として没収されないところに回避させなければならない。カネの回避先は香港、シンガポール、スイスになった。

こうした回避行動により、たとえば前記TO社長・松崎敏和の場合、ピーク時に二二店を抱え、〇二年秋までの三年半に全国の客から約一三〇の口座に九十数億円を振り込ませていたが、警察が〇三年からの本格捜査でTOの関係先で押収した現金は約三八〇万円に過ぎなかった。大半のカネを海外に逃避させたのだ。

同時に五菱会は捜査の拡大に備えて対警察マニュアルを作成し、「捜査を受ける前にパソコンや携帯電話は壊す。貸金業に関する証拠は残さない」「逮捕されても『開業資金は自分で用意した』と答えよ。何も話すな。保釈金や罰金は組織で用意する」という指示をグループに徹底した。

〇三年八月、前記の松崎敏和が逮捕され、五菱会幹部の梶山進が指名手配された。新聞は〈山口組系ヤミ金事件　統括の最高幹部手配　出資法違反容疑　数千億円上納か〉と見出しを立て、次のように報じた（「日経」〇三年八月五日夕刊）。

〈この事件での逮捕者は二六人目。約八カ月にわたる全国最大規模のヤミ金グループの摘発は大きな節目を迎えた。（略）

梶山容疑者の傘下には約千店のヤミ金業者があり、一店舗当たり年約三億円の収益をあげていたとみられる。捜査本部は同会系組事務所など数十カ所を家宅捜索、松崎容疑者の潜伏先や逮捕された共犯者の貸金庫などから計約二八〇〇万円の現金を押収。捜査本部はヤミ金による不当な収益が山口組の主要な資金源になっていたとみて金の流れの全容解明を急ぐ。

調べによると、松崎容疑者らは昨年四月から約八カ月間、札幌市の主婦（四七）ら六人に計約五二万円を貸し付け、四九回にわたり最高で法定金利（年二九・二％）の約三八〇倍にあたる利息計一二五万円を受け取った疑い。

松崎容疑者は都内のヤミ金十数店舗を経営する「センター」の社長。五菱会系ヤミ金グループ内にはこうしたヤミ金店舗を束ねるセンターが約二〇あり、梶山容疑者はこれらセンターを管理する総元締的役割を果たしていたとみられる。
松崎容疑者ら各センターの責任者は名簿業者から多重債務者リストを入手し、連携しながら顧客情報を管理、組織的に収益をあげていた。梶山容疑者は携帯電話などで返済資金の融資を次々と持ち掛けて暴力的な取り立てを行う手口を各センターの責任者に指示していたとみられる（略）〉
ここでヤミ金の定義をいえば、出資法の金利制限に違反する超高金利で貸し付けを行う非合法金融である。たとえば金利がトゴ（一〇日で五割の利子）なら、一〇万円の貸付金に対して一〇日で五割の五万円、二〇日で一〇割の一〇万円が利子となり、信じがたい高利である。が、実際には利子の前取り（たとえば一〇万円貸すと言っても、業者は利子五万円を前もって差し引くからと、最初に五万円しか渡さない）などで、実質はさらに目を剝くほどの高利になる。
出資法（出資の受入れ、預り金及び金利等の取締りに関する法律）では、業として金銭の貸し付けを行う者には年二〇%を越える金利を取ることを禁止している。もちろんヤミ金は違法の金融である。

八月一一日、「ヤミ金の帝王」五菱会元幹部・梶山進が警視庁に出頭し、出資法違反容疑（高金利）で逮捕された。同日、警視庁や広島、愛知県警などから成る合同捜査本部は静岡市清水庵原町の五菱会本部や、焼津市の五菱会・高木康男会長の自宅など四ヵ所を家宅捜索した。

警察の捜査はヤミ金グループ、五菱会の本丸に迫ったわけだが、本藤はこうした動きをそれとなく見守っていた。

前年の〇二年から本藤の耳に「五菱会」の名が聞こえていた。というのは、かつてのイベサー仲間のうち何人かがヤミ金に勤め、「五菱会もやばくなってきたよな」などと噂するようになっていたからだ。

「五菱会ってなんだ?」

「山口組系の組でヤミ金をやってるんですよ。ぼくがいる店もその系統です」

といったやり取りから、本藤は五菱会のヤミ金に注目し始めた。

今、五菱会は警察の捜索に追いまくられている。しかし本来、ヤミ金は儲かるのではないか、五菱会が手を引いてもヤミ金は生き残るのではないか……。

五菱会グループは収益金を逃避させるのに忙殺され、もはや営業を続けるどころではない。とすれば、自分が五菱会のヤミ金組織を乗っ取り、残党を蹴散らし、五菱会のビジネスモデルとその人脈をいただく手もあるのではないか、と本藤は考えたのだ。

第二章　五菱会のヤミ金が原点

五代目の「五」と山口組代紋の「菱」

本藤は早大スーパーフリー・レイプ事件のそば杖を食い、事件そのものには無関係だったにもかかわらず大手広告会社から子会社に左遷された。嫌気が差して子会社を退職したものの、次に何をやるか当てがあるわけではなかった。

そこに降って湧いたのが五菱会のヤミ金事件だった。五菱会は浮き足だっていたが、本藤はまだまだ儲けられる商売だろうと、ヤミ金に可能性を見た。

本藤は大手広告会社から追われて、表と裏を区別する視点をなくしていた。要は気持ちよく儲かればいい。表でも裏でも関係ない、と。もともと「サー人」(イベントサークル出身)の出だから、「オラオラ」の気質を持ち、気持ちの切り替えは速かった。

五菱会のヤミ金システムが本藤の振り込め詐欺の踏み出しに大きく影響した。ヤミ金がオレオレ詐欺の母体になったといって過言ではない。

では、五菱会のヤミ金とはどういう性格のものだったのか。

五菱会(現山口組直系清水一家)は最盛期、全国に約一〇〇〇店舗を展開、年間約一〇〇〇億円の収益を上げ、その執拗で暴力的な取り立てのため自殺に追い込まれた債務者が一〇人余にも及ぶとされた。

一応、五菱会の歴史を踏まえておこう。

当時、山口組は五代目組長・渡辺芳則の時代だった。五菱会の名は五代目の「五」と山口組の代紋である「菱形に山」から取った「菱」を組み合わせたもので、渡辺が五菱会と名づけている。

〇二年一〇月、静岡の山口組直系美尾組組長・美尾尚利が病気引退したのに伴い、美尾組の若頭だった高木康男（当時は陣内唯孝と名乗っていた）が組名を渡辺に五菱会と改めてもらった上、直系組に取り立てられたのだ。

おそらく高木はヤミ金で稼いだ巨額の現金を渡辺のもとに運び、渡辺のお覚えがめでたかったから、渡辺から五菱会の名を下し置かれたのだろう。事実、合同捜査本部は「五菱会はヤミ金融で稼いだカネを山口組に上納している」という理由でそのころ、山口組本部を家宅捜索している。

五菱会の前身、美尾組は組長・美尾尚利により創設された。美尾尚利は静岡・由比町の生まれで、若いころ清水市に出て愚連隊になった。清水市は清水次郎長で知られる清水一家ゆかりの地で、美尾尚利もその系譜に列なっていた。

が、一九六六年、清水一家は解散し、美尾尚利はどこの広域団体にも属さない一本どっこで美尾組を結成・運営していたが、清水一家の復興を策し、八一年、地元の稲川会系の組と抗争になった。このとき両組の間に入り調停したのが、山口組直系黒澤組組長の黒澤明だった。美尾組も稲川会系組織も以後、清水一家の名を使わないというのが仲裁内容だったとされる。

この仲裁が縁になり、翌八二年、美尾尚利は黒澤明の舎弟になり、ここで美尾は初めて山口組の一角に列なることになった。

美尾組は本拠の清水市や富士市、掛川市などにも進出、勢力を急激に伸ばした。八四年、竹中正久が山口組四代目を襲名したが、このとき黒澤明が引退し、黒澤組は解散した。美尾尚利はこれに伴い本家の直系若衆に取り立てられ、美尾組は山口組直系団体(二次団体)になった。

他方、後に五菱会を率いることになる高木康男は焼津市の出身で、若いころ稲川会系の組織に籍を置いた。が、その後組を辞めてカタギになり、倒産整理屋になった。

倒産整理屋は経済犯罪の総集版といってよく、商法や会社法、手形、金融などに通じている必要があるばかりか、整理屋の周りには街の金融業者や手形のパクリ屋、サルベージ屋、導入屋、紙屋（白地手形屋）、競売屋、バッタ屋など、その道のプロを蝟集させ、相互に情報交換して連携プレーするのが常態だった。

高木康男が経済の裏に通じ、ヤミ金を太い収益源に育てられた根元には、倒産整理屋時代の知識と経験があった。

高木康男をよく知る地元静岡の経済人は当時、高木の人となりについて、次のように語った。いささか長くなるが、五菱会とヤミ金の関係をよく窺わせる話と思えるので紹介する。

「高木はこの倒産整理屋で財を蓄えた。彼が金融に通じているのは当然で、例のヤミ金のノウハウも大阪の日掛け金融をヒントにした。ヤミ金のベースは日掛けだといわれている。日掛けはカネを商店主などに貸して、毎日訪ねて元金はそのまま、金利だけを回収して歩く商売だ。元本は固定し、金利だけを何度も何度も回収する。五菱会のヤミ金も極力、元金を返させず、何度も一つ元金で利息を取る。両者の発想は同じなのだ。

山口組の直系になった美尾尚利は、当時五億円を握ったといわれた高木康男のカネが魅力になり、自分の組に来ないかと誘った。高木にすれば、いったんヤクザから足を洗っている、今さらヤクザでもなかろうという気持ちだったが、美尾が熱心に口説くし、後に五菱会で本部長になる奥山慎太郎にも、組に入ってくれと日参された。

それで最初、美尾組の組長代行という資格で美尾組に入った。カネの力によるナンバーツーである。このとき高木は経済専業で、ヤクザとして、ほとんど子分を持っていなかった。

八九年、渡辺芳則が山口組の五代目組長を襲名し、美尾に目を掛けて組長秘書に登用した。組長秘書は直系組長の間から選ばれ、常時三〜四人いた。美尾は気性がすっきりした男で、誰からも好かれる。その上、高木の働きのせいで、山口組の中でもカネ払いがよかった。

当時、当代の渡辺はよく静岡に出てゴルフをし、東京で遊んだ。こういうときの経費はすべて地元の直系組長持ちで、渡辺には払わせなかった。高木も美尾と一緒に、あるいは美尾の名代で、よく渡辺を接待し、そうした席で芳菱会の総長・瀧澤孝（山口組直系組長の一人、後で若頭補佐、顧問、引退）や同じく直系の後藤組組長・後藤忠政（後に若頭補佐、除籍、引退）などと知り合い、彼らと五分のつき合いができるほどの顔になった。

なにしろ高木はカネを持っているから、自分の仕事に追われず、身体が自由になる。上とのつき合いに念が入る道理だ。美尾組としての義理掛けに五〇万円、一〇〇万円と包まなければならない場合にも、高木が立て替え払いすることが多かった。

もっとも袋の表書きには『美尾組　陣内（高木の当時の名乗り）』と書き、自分を売り込むことを忘れなかった。

そのうち美尾組の若頭が亡くなった。美尾は高木と盃をし直し、舎弟から若い衆に切り替えた上、高木を若頭に据えた。これまた格からいって組内ナンバーツーである。高木はこれで自分の組づくりにいっそう力を入れ始めた。

高木の出身地、焼津には高木姓が多く、組の幹部には高木が何人もいた。区別がつかないので高木は陣内唯孝と名乗り、自分の組の名も陣内組にしていた。

美尾は九六年ごろ脳梗塞で倒れ、口はきけるものの半身不随になった。組長秘書の役は務まらず、美尾の影は年々薄くなった。一時美尾を引退させ、美尾組を解散、高木などの幹部や組員は、静岡で近隣の芳菱会や後藤組が引き取るといった案さえ浮上した。

が、美尾は引退を肯んぜず、身を引くか引かないかは渡辺組長が決めることだと突っ張っていた。が、その突っ張りも〇二年までで、同年一〇月、山口組の定例会で正式に美尾尚利の引退が決まった。

美尾組の跡は高木が継ぐことになったが、二代目美尾組とは名乗らず、組長・渡辺の意志で新たに五菱会の名を与えられたわけである。高木にとって、もちろん二代目美尾組の名より五菱会の方がありがたかった」

政治家、俳優を引き連れる

誕生後の五菱会は会長・高木康男以下、若頭・奥田邦治、舎弟頭・原野将宗、本部長・奥山慎太郎の体制で、実質的な組内ナンバーツーとされる梶山進の名はなかった。

なぜだったのか。前出の経済人が解説を続けた。

「梶山は陣内組（高木が率いる組）で副組長だったとされるが、ダミーだったのではないか。一時は焼津の高木康男宅で執事みたいな仕事をしていた。梶山は亀井静香代議士に献金したとか、俳優の清水健太郎や岡崎二朗、元横綱千代の富士の九重親方を引き連れ、銀座で飲んだとかいわれている。

おそらく事実だったろうが、だからといって梶山はヤミ金の帝王ではなかったし、梶山だけがヤミ金のシステムを考え出したわけじゃない。基本は高木康男本人が思いつき、それに梶山など、周りの人間が知恵を集め、経験を積んで手を加え、現状のシステムに仕上げたと見るべきだ。真の『ヤミ金の帝王』は梶山ではなく、高木康男本人と見て間違いない」

この高木康男「ヤミ金帝王説」にはいくつか根拠がある。

まず合同捜査本部によると、梶山が統括していたヤミ金グループは約二二グループ、約一〇〇〇店あったとされるが、これらグループは五菱会の幹部を中心とする「暴力団グループ」と、梶山進の側近らが責任者をつとめる「舎弟系グループ」の二つに大別されていた。

暴力団グループはうち約三割を占めるが、これらに対する指示・命令は梶山進からではなく、高木康男自らが出していたとされる。

また五菱会は当時八〇の傘下団体を抱え、組員の総数は六〇〇人以上、静岡県内だけに限っても約二〇〇人の組員がいるとされた。前記した通り、高木康男は倒産整理屋などの事業から美尾組に転じ、配下にヤクザとしての舎弟、若衆をほとんど抱えていなかった。短日月の間になぜこうも組の勢力を増大できたのか。

前記の経済人が背景を説明した。

「事件になる前、高木自身が言っていた。うちの若い衆は俺の子分にはちがいないが、同時にヤミ金会社の社員だって。若い衆はヤミ金から給料や歩合が出るサラリーマンヤクザだ。ヤクザをやっていく以上、抱える若い衆は多い方がいい。が、今は不景気でシノギがない。若い衆を増やすためにはシノギを与えて、食えるようにしてやる必要がある。ヤミ金店の社員や幹部にしてカネを投げてやれば、若い衆は食える。組員としての定着率も文句なく高まる。同時に若い衆から収益の一部を上納させるから、組もうるおう。ヤミ金は人集めとカネ集めを同時に果たせる。一挙両得だって、得意気に話してました」

五菱会の膨張とヤミ金の膨張は同じ現象の表・裏にすぎなかった。ヤミ金は五菱会・高木康男のヤクザとしての必要性から生まれた。高木は傘下のヤミ金グループをコントロールし、収益の大部分を吸い上げた。梶山進をダミー的な企業舎弟にし、表の顔に仕立てた可能性が高い。それで表面上、梶山が「ヤミ金の帝王」に納まったわけだろう。

〇三年七月、五菱会は静岡市清水庵原町の住宅地に三階建て、白亜の五菱会本部事務所を建て、それまでの美尾組事務所を取り壊して駐車場に変えた。高木康男は美尾組の出ながら、美尾組離れを急速に進めた。五菱会本部は神戸市灘区の山口組総本部事務所より内部の設備が整っているとされたが、巨額の建築資金はヤミ金からの収益の一部でまかなわれたと見られる。

梶山進も〇三年七月、東京・新宿の三八六平方メートルの土地(時価二億円とされていた）に、三億円を投じて豪華和風の住宅を建てた。

「高木の凄いところは、仮に若い者に一億円の儲け仕事を振ったとして、うち六割を俺のところに持ってこい、残り四割はお前の勝手にしろと。四割、四〇〇〇万円のカネについては何に使おうと、絶対文句を言わない点だ。ふつうの親分ではこうはいかない。一〇割まるまる取って、その中から若い者にこづかい程度を渡すだけ。しかもそのカネにも何々に使えと注文をつける。

五菱会には親分よりいい車に乗っている若い衆がゴマンといる。梶山の豪邸だってこの類だ。高木は、俺よりいい家に住んでいるといった焼き餅は妬かないし、そういうことはいっさい口に出さない」（高木の人柄を熟知する金融業者）

その辺のアンちゃんが店員に

二〇〇六年に貸金業規制法が改正され、一店舗に一人は貸金業務取扱主任者を置かなければならなくなった。他に資本金五〇〇〇万円以上（改正前は三〇〇万円）に変更されるなど、貸金業登録は困難になった。しかし五菱会のヤミ金が隆盛を極めていたのは九九～〇三年であり、五菱会は改正前だったことから都道府県知事に貸金業登録を認可されていた。

そのため五菱会系ヤミ金は無料求人誌「ドカント」や「J-Page」などを活用、求人情報を掲載することで人集めができた。店員になったのは五菱会の組員ではなく、ふつうの若者が求人情報誌を通じてヤミ金の店員や店長になったのだ。

〇三年当時、元店員たちはネットに記している。

「ヤミ金グループはどこで人を集めたかというと、ふつうのアルバイト雑誌である。高給に釣られ、アルバイト感覚で面接に行って働いてみたら、そこはヤミ金だった……。その辺のアンちゃんが店員になった」

五菱会側にもカタギの若者を店員にする必然性があった。

「(五菱会の中堅幹部に)元手が一〇〇〇万円あれば、若い衆一〇人に一〇〇万円ずつ渡して、ヤミ金をやらせられる。ヤミ金ではオフィスが要らない。携帯電話さえあれば、木賃アパートで構わない(よってヤミ金を「〇九〇金融」ともいう。小規模で無店舗、無登録の業者)。

今はヤクザもシノギがないが、ヤミ金なら『これで食え』といえる。おまけに半カタギの若い者を社員に使えば、放免祝いや葬式など義理ごとのとき、全員に動員を掛け、『こいつら全部俺の若い者だ』って見栄も張れるし、勢威も示せる。しかも儲けの何割かを毎月俺に上納しろとやれば、上に立つ者の立派なシノギになる」（暴力団系ヤミ金の元関係者）

ヤミ金業者が貸し付ける金額は五万円程度。最高でも一〇万円が限度だったから、一〇〇万円を元手にヤミ金を開業できる。

〇三年ごろヤミ金の平均的な金利はトイチ（一〇日に一割の利子）やトサン（一〇日に三割）ではなく、トゴ（一〇日に五割）が主流だった。しかもトゴとはいっても、たとえば客に四万円を貸し付けたとすれば、金利の前払いとして二万円を即差し引き、実際には二万円しか客に振り込まなかった場合が多かった。

返済日に全額返済できない客は利息だけ払って返済を先延ばしにする。これをジャンプというが、ヤミ金業者は可能なかぎり客にジャンプさせようとした。たとえばトゴでの貸付額が額面四万円（客の実際の受取額は二万円）で四回ジャンプさせれば、八万円が業者の収入になる。しかも四万円借り受けたという客の借用証は実際に書いたか書かなかったかは別にして、業者の権利として存続する。元本は依然として客から返されていないという業者の理屈を通すのだ。

客はなぜこうもバカげた金の借り方をするのか。少額だからである。一〇〇万円を借りて一割の利子、一〇万円を高利と感じる者であっても、一〇万円を借りて一割、一万円の利息に対しては返済が簡単、パチンコをやってでも返せる、安いと感じる。まして客の多くは多重債務者だったから、クレジットカード会社はもちろん、サラ金からも借りられず、しかたなしにヤミ金に頼ることになった。

ヤミ金はまたシステム金融とも呼ばれた。木村裕二『ヤミ金融——実態と対策』によれば、「システム」と呼ばれる理由は、「同一グループ内の複数の店舗(店)で顧客情報を共有し、顧客を自転車操業に誘い込み、抜け出せないようにするという組織的・計画的な犯行形態からくるもの」という。

つまり同一グループに属する複数店が「センター」が持つ顧客情報と指令に基づきタッグを組む。具体的にはA店の返済日になるとB店が貸し付けてA店に返済させる。B店の返済日になるとC店が貸し付けてB店に返させる。こうした貸し付けと返済を繰り返させて客の借入残高を増大させ、骨の髄までしゃぶり尽くすのだ。たとえ客がパンクし、自殺したところで、それまでに業者は実際に貸し付けた額の数十倍にも及ぶ金利を収奪しているから、元金を取りはぐれたところで痛痒は感じない。

主婦相手の金貸しからスタート

五菱会は当初、主婦相手の金貸しから始め、その後ソープ嬢やソープ店の男性従業員などに貸し付け、次いで「名簿屋」から買い集めた大量の多重債務者リストをもとに多重債務者を主たるターゲットにし始めた。

問題は多重債務者を相手にする金貸しが商売になるかだが、業者は「商売になる」と答える。理由は貸すカネが五万円から一〇万円までと少額だから、他社からの借り入れや子供からの不定期収入、パチンコのまぐれ当たりなどで何とか返済できる場合がある。客は金利の安い店に対しては返済を後回しにする。金利の高い業者から返していくのが客の合理性であり、習性だと業者は言う。

ヤミ金が多重債務者にカネを貸すのは、多重債務者本人から返させるのはもちろん、多重債務者の周りにいる者、家族や友人、仕事場の同僚、知人などからカネを返させようと考えているからだ。

業者は最初に融資するとき、本人の姓名や電話番号、勤務先は当然として、他に家族や親類の住所、電話番号、勤務先などについても聞き出そうとする。本来、カネを借りた本人以外に返済義務を負う者はあり得ないが、ヤミ金業者は「あんたが返さないんなら、周りから取る。うちから借りてることを会社や近所に知られてもいいんだな」と脅し、周りに知られるぐらいなら自分で借金して回る気に客をならせる。換言すればヤミ金は、利用客をヤミ金のための集金人に変質させるのだ。

五菱会のヤミ金は「ヤミ金の帝王」とされた梶山進をダミーの頂点に立て、その直下に「七人衆」と呼ばれる幹部を立てた（時期により顔ぶれに異同がある）。

幹部が率いるグループはローマ字で表された。

VV　横山
MO　茂木
TO　松崎
SI　新堂（本名は阿蘇品）
AR　荒木
OK　奥野（清水一家・高木康男総長の企業舎弟）
FC　藤田
YM　山口
HG　平岡

YU　鈴木
タジック　田島（清水一家副本部長）
――などとされる。
グループを率いる社長は二七人、合わせて約一〇〇〇店舗を統括した。
対して、本藤のもとには四人の側近がいた。一人は一〇歳も年上の男で、今なおオレオレ詐欺をやっている。二人目は全狂連（全日本狂走連盟）OBで、一時期、住吉会幸平一家系の組に属していた。身長一九〇センチもある武闘派で無茶なマネをすることで知られていた。三人目は知性派タイプ。四人目は七歳も年下で、五菱会の出身だった。
「彼らは最初、ぼくに敬語で話し掛けてましたが、ぼくはタメ語でやってくれと注意していた。言いたい意見を言える関係でないと、組織は長続きしないというのがぼくの持論です。ワンマンもいいけど、他の人間の意見を取り入れられないようなら、組織は衰退に向かう」（本藤）

ヤミ金三人心中事件

〇二年、本藤は銀座のクラブで飲み、その店で五菱会・梶山進が政治家の亀井静香と飲んでいる場面を目撃した。また五菱会の都内店舗はほとんど新宿に集中していたから、新宿で飲む機会が多かった本藤としては、五菱会の幹部やヤミ金の店長と店内で会釈ぐらいは交わしていた。はっきり意識したわけではないが、五菱会のことはある程度分かっている気だった。

「五菱会の店長クラスでさえ、無料求人誌の広告に応募して店員になったような連中です。五菱会の組員からヤミ金に転身したわけではなく、はっきり言えば根性が入っていない。ちょっと脅しすかしすれば、どちらが得か考え、有利とみれば平気でこっちの傘下に入る。五菱会のヤミ金で今も健在なのは神奈川県下の店だけでしょう。都内にはほとんどない。だから奴らにできることなら、ぼくらにもできるだろうと思ったし、ヤミ金に手を出した当初、うちにもヤミ金の経験者が何人かいたことも事実です」（本藤）

東京都知事への貸金業登録はまだ簡単だった。本藤の記憶では一五万七五〇〇円ぐらいで「都（1）〇〇〇〇号」という登録番号が取れた。ヤミ金業者を一時期トイチと言ったのは一〇日で一割の利息を取ることからだが、またこの登録番号「都（1）〇〇〇〇号」（都1）からも来ていた。都（1）の1はその業者の貸金業登録が第一回、または登録後三年以内であることを表していた。

ヤミ金の悪辣さを社会に強く印象づけたのは大阪・八尾市のヤミ金三人心中事件だった。八尾市に住む六九歳になる主婦（当時）、その夫（六一歳）、主婦の長兄（八一歳）の三人はヤミ金グループによる追い込みと激しい罵詈讒謗に追い立てられ、〇三年六月、八尾市内のJR踏切近くの線路に丸く輪になってしゃがみ込み、電車にはねられて自殺した。三人はわずか三万円を貸してほしいとヤミ金に申し込んだだけで、自殺を余儀なくされた。

ヤミ金の帝王とされた梶山進が逮捕されたことでヤミ金組織の全容がほぼ明らかになった。同グループは梶山を頂点に執行部―社長―ブロック長（統括）―店長―従業員というラインで被害者の生き血を吸っていた。梶山らは数千億円の収益を上げたといわれるが、その全容は分からず、国内ではわずかに二億円相当の米ドル札が押収され、スイス当局が約五一億円相当の預金を凍結したにすぎない。

五菱会から山口組五代目組長・渡辺芳則にいくら上納されたかも解明されず、わずかに五菱会会長・高木康男が〇一年七月から〇三年四月にかけて、梶山から約五〇〇〇万円相当の金融債を数回にわたって受け取ったことが判明しただけである。合同捜査本部は高木を組織的犯罪処罰法違反容疑で逮捕した。

梶山の逮捕当時、ヤミ金事件の被害者は全国に二八万八〇〇〇人、被害総額は分かっているだけでも三三三億円、実際の被害者はその一〇倍以上に及ぶと見られていた。

第三章　システム詐欺とは何か

裏社会＝暴力団と半グレ

この章では鳥瞰図的に裏社会のシノギ（つまり収益源）について一通りのことを踏まえておこう。本藤彰ののし上がり過程を理解するためにも欠かせない予備知識になるからだ。

裏社会のシノギで代表的な存在は、覚せい剤の密売と特殊詐欺だろう。二つとも扱いが巨額で、かつ社会に流す害毒が大きい。一言でいえば影響が社会の広い範囲に深く及ぶ犯罪である。

ここで裏社会とは、とりあえず暴力団と半グレ集団を指すことにする。警察がいう「反社」（反社会的勢力）のイメージに近い集団、組織である。

ただし「反社会的勢力」の具体的な中身は、「暴力団、暴力団関係企業、総会屋、社会運動標榜ゴロ、政治活動標榜ゴロ、特殊知能暴力集団等、暴力、威力と詐欺的手法を駆使して経済的利益を追求する集団または個人」であり、半グレ集団は「特殊知能暴力集団」に含まれるのか、それとも「反社」にはまるで含まれないのか、はっきりしない。

また警視庁は関東連合や怒羅権などを「準暴力団」と指定しているが、それ以外の半グレ集団をどう扱うのか、確定していない。逆にいえば、警察の定義と定義との間のスキマに生きているのが半グレ集団であり、だからこそその取り締まりは不十分とも推測できる。覚せい剤の密売はほぼ暴力団の専権的なシノギといっていい。日本で流通している覚せい剤はその全量が海外で密造され、日本に密輸入される。三〇〜四〇年ほど前までは日本でもわずかに密造されていたが、現在、日本ではいっさい製造されていない。

つまり日本で覚せい剤にたずさわる者は密輸入から始まって、問屋―卸―小売り―末端密売人に至るまで、すべて覚せい剤の流通だけにたずさわっている。この流通を牛耳っているのが暴力団である。

暴力団社会で覚せい剤は「代紋（組のバッジ、マーク）でやるシノギではない」とされている。つまりA組が密輸入した覚せい剤は代紋の違いを越えて、相互の行き違いをも越えて、B組にもC組にも流れていく。彼らは売り捌き先、あるいは仕入れ先が長年取引歴のある暴力団であることを信用して、覚せい剤というブツを取引する。

もちろん暴力団でない者たち、たとえば不良中国人や基地詰めの米兵、貨物船の乗組員、末端密売を行っていたイラン人、一般人などが直接密輸入を手掛けることはある。だが、彼らは密輸した全量を自力だけでは捌けない。全国の流通網を仕切っている各地の暴力団に供給することで大量の荷は捌ける。
警察庁は覚せい剤、恐喝、賭博の三つを暴力団の「伝統的資金獲得犯罪」と呼ぶ。警察庁「平成二五年の暴力団情勢」にはこう記してある。
〈(平成)一六年以降、覚せい剤取締法違反、恐喝、賭博及びノミ行為等の全体の検挙人員のうち暴力団構成員等が占める割合は、五〇%前後で推移している。(略)
二五年の伝統的資金獲得犯罪に係る暴力団構成員等の検挙人員は、七四七八人(前年比七三一人減)で、暴力団構成員等の総検挙人員の三二・七%(同一・三ポイント減)を占めており、依然として、伝統的資金獲得犯罪が有力な資金源となっていることがうかがえる〉
平成二五年(二〇一三年)の暴力団組員検挙人員をみると、覚せい剤で六〇四五人、恐喝で一〇八四人、賭博で二九四人である。
九年前、平成一六年(二〇〇四年)の検挙人員を見ると、覚せい剤五四一二人、恐喝二八〇八人、賭博八三七人。恐喝、賭博が九年間で激減したのに比べ、覚せい剤は逆に増大していることが分かる。
暴力団は近年、全般的に退潮している。今年(二〇一四年)三月、警察庁の発表では、平成二五年末の暴力団構成員と準構成員は前年比四六〇〇人減の五万八六〇〇人となった。暴力団の組員数が六万人を切ったのは過去初めてで、統計を取り始めた昭和三三年（一九五八年）以降、最少という。

こうした暴力団の減少から、次のようなことが推測できよう。

暴力団の退潮に伴い、その資金源も縮小傾向にあり、必然的に検挙される組員も少なくなった。だが、覚せい剤だけは縮減する暴力団のシノギの中で、なお重要な資金源であり続けている。覚せい剤は暴力団の根強く息の長い収益源であり、いわば命綱である。

財務省は二〇一四年二月、一三年の税関による不正薬物の密輸取締り実績を発表した。それによると覚せい剤や大麻、コカインなど不正薬物の押収量は前年比六一％増の一〇〇七キロに上り、〇四年以来九年ぶりに一トンを超えた。覚せい剤の押収量は七八％増の八五九キロである。

では、日本での覚せい剤市場で動くカネはいくらぐらいになるのか。今から二〇年以上も前、警察庁は覚せい剤は四五三五億円市場という推計を発表したことがある。当時と比べ、今がどうかだが、その後発表されたデータはない。

覚せい剤は一グラム二万円時代が長かったが、世紀が変わった〇一年ごろから品物が払底して値上がりし、一時期は一グラム一〇万円をつけたという。その後、密輸入される量が激増して、値下がりに転じ、今、新宿・歌舞伎町の相場は二万五〇〇〇円前後とされる。

仮に一グラムが二万五〇〇〇円としよう。一般に押収量の一〇倍は市場に出回っているとされるから、二〇一三年の押収量八五九キロから日本全国の出回り量八五九〇キロが導かれる。すなわち、覚せい剤市場は二一四七億五〇〇〇万円になる。二〇年ほど前に比べれば半減だが、平成不況や「失われた二〇年」、前記した暴力団組員数の減少などを念頭に置けば、案外、妥当な推計額といえるかもしれない。

被害額四八六億九〇〇〇万円

対して「特殊詐欺」はどうなのか。

特殊詐欺は警察庁が使い始めた用語で、オレオレ詐欺、架空請求詐欺、融資保証金詐欺、還付金等詐欺の総称である。いずれの詐欺も電話だけで相手を被害者に仕立て、犯人たちは現金の受け取り役を除けば、被害者と対面しない点に特徴がある。

警察庁の発表によれば、二〇一三年の特殊詐欺被害は四八六億九三二五万円に上り、過去最悪だった二〇一二年の約三六四億円から三三・六%も増えた。特に息子などを装って助けを求めるオレオレ詐欺は五二・五％増の約一七〇億円に達した。

関東の広域暴力団幹部でありながら大手の特殊詐欺グループを率いる者が知られているが、その者はむしろ例外である。特殊詐欺はほとんど半グレ集団により担われている。ただ半グレ集団も他団体とのトラブルなどのケツモチ（後見人）として、暴力団を利用している。但し半グレ集団はもともと暴力団には警戒的で、両者は別物である。

半グレ集団というと元暴走族出身の関東連合や怒羅権が知られているが、なにも半グレ集団は暴走族出身者に限ったものではない。まともな会社に就職したつもりが闇の金融会社だったり、パチンコ攻略法詐欺の会社だったりで、心ならずも半グレ集団に迷い込んだ者が少なくない。本書で扱う本藤も広義には半グレ集団に分類されよう。

つまりカタギと呼ばれる一般人が、踏み込んだ生業によっては容易に半グレになり得る。イメージでいえばヤンキー体質というか、人柄が捌けていて小才が利く、考え方や倫理については融通無碍、小さな悪事や犯罪と判断できるなら、その実行をためらわない……といった人が半グレに転じ、半グレ集団に所属することになるのかもしれない。

逆にいえば、暴力団に籍は置かないが、悪事に手を染め、犯罪をためらわない人が半グレである。

半グレ集団は暴力団のように対外的に名や顔を広めない。そういう欲求もない。集団同士が襲名や慶弔の式などに招いたり、招かれたりすることもなく、交際が活発でないから、警察が半グレ集団について把握していることはそれほど多くない。

そのため全国に半グレ集団がどのくらい存在するか、どういうグループが存在するか、代表者やリーダーが誰かといった調査・統計の類はほとんどない。

しかし特殊詐欺の被害額に示されるように近年半グレ集団は社会への影響力を増し、暴力団を補い、あるいは暴力団に代わる社会の脅威となりつつある。

図式的にいうなら、暴力団は退潮、その影響力は低下、代表的シノギは覚せい剤の密売である。対する半グレ集団は興隆、影響力は拡大、代表的シノギは特殊詐欺となろう。

シノギの種類によっては暴力団と半グレ集団がともに営むものもあるが、おおよそ新しいシノギを始める者は半グレ集団に属している。一般的に半グレ集団のメンバーは若く、新しいシノギに向けて創見性や適応力が高いからだ。

早い話、オレオレ詐欺で電話の声を通して息子を演じられるのは被害者の息子の世代に当たる者、つまり二〇代、三〇代と若い。半グレ集団に属する者は一〇代後半から四〇代くらいまで。それにひきくらべ暴力団組員の中心年齢は四〇代後半から六〇代ぐらいまでであり、若さの点では半グレ集団がまさっている。

裏社会のシノギ全体の趨勢はどうやら詐欺の方向に収束している気配がある。

すでに二〇一一年五月、読売新聞は次のように報じている。

〈全国の警察に、詐欺事件で摘発された暴力団関係者の数が昨年、恐喝事件で捕まった数を二年連続で上回った。暴力団対策法改正で、組上層部の「使用者責任」が問われるようになり、「〇〇組の……」と、組をかさに着る脅しが難しくなったためとみられる。結果として、資金源は、公金詐取や振り込め詐欺など、暴力団とはわかりにくい犯罪へと移行しているようだ。

警察庁によると、二〇〇六年に二五二三人だった暴力団関係者の恐喝事件での摘発数は、〇九年は一八〇〇人、一〇年は一六八四人と減少の一途をたどっている。

一方で詐欺事件での摘発は徐々に増え、〇九年に過去最高の二〇七二人に達して恐喝を抜いた。一〇年もその差は広がった〉（二〇一一年五月二二日付け）

人から財を奪う犯罪として窃盗、強盗、恐喝、賭博、違法な薬物販売、詐欺などがある。

暴力団の代表的存在といえば博徒だが、「博徒に盗人を交えず」という古くからの言い習わしがある。また「ヤクザは乞食の下、盗っ人の上」という言葉もある。暴力団は暴力団なりの美学で、強盗や窃盗、詐欺、覚せい剤密売、管理売春などを嫌い、それらをシノギとする仲間を一段低く見てきた。もちろん実際には、それらを手掛ける暴力団の方がむしろ多数派なのだが。

よってそれらを除いたシノギの中では恐喝がもっとも暴力団らしい犯罪になる。なにしろ恐喝は、自分の所属組や自分の名を何らかの形で被害者に知らせ（組名を記した名刺を差し出す、あるいは第三者をしてそれとなく自分が組員であることを相手に耳打ちさせるなど）、相手を怖れさせた上で、堂々と金品を脅し取る犯罪である。暴力団の名にたがわず暴力的威迫力をフル活用している。

これに対して詐欺は恐喝よりはるかに隠密で頭を使う犯罪であり、ふつう暴力的威迫力は使わない。

大勢として恐喝は減り、本来なら暴力団が恥とする詐欺が増えている。この面でも暴力団的なシノギは衰退に向かっているといえるし、またそのシノギが半グレ化してきたともいえる。

半グレ集団はもともと、暴力団が持つような美学は持っていない。カネになるなら詐欺にでも飛びつく。先に二〇一三年の被害額が過去最悪の四八六億円余と記したが、この被害額も当然、実際の被害額に比べれば過小評価になる。

ここ二〇年来、詐欺を業としている三〇代後半のリーダーはこう語った。

「警察発表の数字の少なくとも三倍は被害があるはずだ。というのは、騙されたと知らない被害者がいるからだ。私がインチキ社債を売り付けた被害者など、未だに詐欺に遭ったとは思っていない。いいものを売ってくれたと、逆に私に感謝している。

まあオレオレ詐欺などでは次の日、実の息子と連絡がつけば、一発で詐欺とわかってしまう。が、私の場合、どうせ相手を騙すなら、死ぬまで騙し続けようと考えているから、オレオレ詐欺はやらない。社債とか未公開株詐欺が専門だ。

だから用がなくても、たまに相手に電話するとか、アフターフォローをしっかりやっている。結局、こういう人はインチキ社債を抱いたまま死んでいくんじゃないか」

仮に特殊詐欺の被害額が警察庁統計の三倍とするなら、実被害額は総計約一四六一億円になる。覚せい剤市場の推計額二一四七億円の七割近くであり、半グレ集団のシノギが規模の面でも、暴力団のそれにジリジリ近寄っていることを窺わせる。

ところで警察庁が名づける「特殊詐欺」を「システム詐欺」と呼び替えたらどうかと思う。その方が実態に即して分かりやすい。ちょっと調べてみれば分かることだが、特殊詐欺のほとんどは集団・組織の犯罪であり、一人だけで行う犯罪ではない。集団がシステマチックに動くことで成立する詐欺なのだ。

オレオレ詐欺を考えれば明らかだが、被害者の「息子」役だけが被害者を騙すのではない。交通事故に立ち合った「警官」役や示談金交渉の「弁護士」役、小切手をなくされ被害を回復したい会社の「上司」役など、さまざまな人物が寄ってたかって老いた母を騙す。おまけにATMからカネを引き出す「出し子」役や、被害者のもとに現金を受け取りに行く「使いの若者」役まで登場する。特殊詐欺はカネを詐取し、詐欺を成功させるという一点で結集して工作するグループ犯罪なのだ。

未公開株詐欺も事情は同じである。株を売り付けようとする者、他社を装い、もしあなたがその株を買っていたらぜひ当社に譲ってくれとお願いし、その株が希少な、値上がり間違いなしの株であるという幻想を与える者など、やはり集団プレーによる詐欺である。

一昔前まで詐欺は個人犯罪だった。木嶋佳苗、宮崎知子（七〇年代後半～八〇年代前半にかけて。のちに殺人罪で死刑判決）、クヒオ大佐（七〇年代～九〇年代に一億円を詐取した日本人詐欺師）などは結婚詐欺の典型例だから、個人プレーによる詐欺であることは当然だが、トーマス・マン「詐欺師フェーリクス・クルルの告白」、種村季弘「詐欺師の楽園」、カール・シファキス「詐欺とペテンの大百科」など、どういうわけか洋の東西を問わず、個人詐欺を扱っている。もちろん豊田商事会長・永野一男など、組織で行う詐欺がなかったわけではないが、人がより多く興味を持つのは個人詐欺の方だろう。個人詐欺には物語があるのだ。

「かぶせ」というワナ

その点、特殊詐欺（システム詐欺）は名人芸を必要としない集団参加の、散文的な詐欺といえる。ただ、上に立つリーダーには、部下に対する人心掌握力や指導力、企画力や果断な攻撃・指揮力、他団体のリーダーや暴力団、警察などとの折衝力、洞察力など、見るべきものは多いと思われる。

第二章で見たように、オレオレ詐欺の母体は山口組系五菱会によるヤミ金である。ヤミ金の組織、人員がオレオレ詐欺に換骨奪胎された。本藤がヤミ金グループを乗っ取って、オレオレ詐欺を自然発生的に派生させたのだ。

ヤミ金の別名は「システム金融」である。

なぜシステム金融かは前に触れた。同じヤミ金グループに属する複数の店が顧客情報を共有して、A店への返済日にB店が貸し付けてA店への返済に充てさせ、B店への返済日にC店が貸し付けてB店に返済させる……といったことを繰り返して客への貸付額を増やし、客をより過酷な借金地獄に落とし込んでいくからだ。

オレオレ詐欺、つまりシステム詐欺はヤミ金から出発しているから、特定客を集中的に攻める体質を引き継いでいる。業界では「かぶせ」というが、一度詐欺に引っかけた人間を何度も狙って、グループの別の人間が前の加害者とは無関係を装って、同じワナをかぶせていく。

「騙されるヤツは何度でも騙される。それまでの損を取り戻したいという気持ちがよけい詐欺にはまりやすくさせる。おまけにこういう人間はカネを持っている。三〇〇万円振り込んだということは、三〇〇〇万円貯金を持っているということだ。この残りを自分たちが根こそぎ搾り取った方が、やみくもに電話を掛けまくるより効率がいい」

と、オレオレ詐欺の主宰者は語っている。

なんやかや「システム詐欺」はより実態に即した命名だろう。複数の人間が寄ってたかって一人の人間を貪り尽くそうというのだ。

詐欺犯にも三分の理

システム詐欺は前に触れた通り基本的に電話だけで接し、被害者と直接対面しない。対面しないことにより、加害側は同情心や想像力を薄れさせ、徹底して無慈悲に被害者と対せる。

他方、被害者は受話器から聞こえる音声だけに集中させられ、疑うことを忘れて広く客観的な視野を失う。電話は相手に演劇的集中を強いる手段として欠かせない。

まして被害者になる者の多くは一人暮らしであり、孤立している。子供とは別に暮らしているが、完全に子離れしているわけではなく、子供の親離れも不徹底である。親は子供を完全に突き放しているわけではないから、子供が危急の状態にあれば、助けたいと願う。老後に備えてすぐには支出予定のないカネを持つことも多い。それを子供のために役立てようと思うのは親心というべきだろう。

加害の側は時代の風を受けている。世の中は食うか食われるか、小市民的な倫理道徳などクソ食らえ、と考える人々が増え、そういう層が加害グループに人材を供給している。

背景にある一つは雇用環境の悪化だろう。非正規雇用、ワーキングプア、ネットカフェ難民など深く暗い淵を背後に、そこに落とされまいと心を修羅にして、世を渡る人々の増大である。

彼らはそれまでの価値観を変化させることなしに、簡単にシステム詐欺の要員になることができる。万人が万人の狼といった社会観を持てば、システム詐欺を職業とすることができる。換言すれば、現代の劣悪な雇用環境がシステム詐欺の沃野なのだ。

ネットの掲示板には次のような書き込みが散見される。

〈これまで、日本の義務教育はお金に関するいろんなことをなんで教えなかったか、分かるかい？　そんなことを教えたら国や資本家が国民から搾取できなくなるからなんだよ！

しかし、ヤミ金や詐欺関係の人間が国や金融関連より見事に国民から金を奪い取った。そして自分たちが奪い取る予定だった金を奪い取られて、黙っていられない人間たちは新しい対策（マネロン法など）を講じて臨んでいる〉

どうせ誰かが取るなら、自分たちが取る。なまじ仏心を出して手加減すれば、残った財を他のグループが奪う。だったら俺たちのグループが奪う、何が悪いのかという論理で彼らは動いている。

泥棒にも三分の理という言葉がある。同様に詐欺犯にも詐欺を正当化する理屈がある。未公開株や社債詐欺なら、

「俺たちは貧乏人からカネを奪い取っているのではない。持っているカネをさらに増やしたいと願う業突く張りから取っている。だから俺たちの詐欺は欲深い者たちへの咎めであり、罰だ」

オレオレ詐欺犯にはこの言い訳は成り立たない。子を思う親心を咎め立てすることは誰にもできないからだ。

代わって登場する理屈は、

「年寄りが銀行に預け、タンス預金しているカネは死に金だ。社会に循環していないから死蔵であり、経済的な波及効果がゼロだ。

それをわれわれが引き出し、キャバクラなどでパッと使えば、店がうるおい、勤めるホステスやボーイの収入になる。彼女ら彼らはそのカネで生活をまかない、欲しいものを買う。波及効果が出る。

そういう意味では、われわれが日本経済を回している。政府に代わって所得の再分配を行っている。だからオレオレ詐欺は捨てたもんじゃない。もっとも、こういうことをまともに信じている者はわれわれの中にもいないけどね」（詐欺グループの元リーダー）

システム詐欺は今さらいうまでもなく、悪事であり、犯罪である。この本ではそれを前提にして、システム詐欺やそれに関係する者たちがなした事実を淡々と客観的に記していきたい。

第四章　ヤミ金からシステム詐欺に

山健組に非ざれば山口組に非ず

五菱会のヤミ金では、新入店員の初任給が四〇万円、歩合給を入れると五〇万円といったケースが珍しくなかった。このため本藤彰のイベサー仲間にも、目先のカネに釣られてヤミ金に就職する者が何人かいた。

本藤は彼らと顔を合わせ、話を聞く機会があったが、貸し付けや回収に際して、また同業者とのバッティングや縄張り争いなど、何かとトラブルが多いことに気づいた。中には暴力団を紹介してくれと頼む者もいた。

本藤は学生時代からイベサーのケツモチだったから、暴力団とはほとんど全方位外交だった。東京の住吉会、稲川会、極東会から西の山口組系組織に至るまで、ほとんどの幹部と顔はつながっていた。場合によっては暴力団の紹介など面倒を見ることもあったが、トラブル処理の経緯を見聞きするうち、彼らヤミ金業者に伸びしろのなさを感じることが多かった。こういうことじゃ自分でやった方が早いなと感じていた。

ここで本藤が当時から山口組山健組系の某組長の「企業舎弟」だったという噂について、確認しておこう。

そのころ山口組は五代目組長・渡辺芳則の時代だった（五代目を襲名した一九八九年から引退する二〇〇五年まで）から、渡辺の出身団体である山健組（山口組本家を第一次団体という。その下の第二次団体）が最強組織といってよかった。山健組の組長だったころの渡辺は、組員の数が多ければ多いほど組は経済的に楽になると考え、寄ってくる地方組織のトップに盃を与える拡大路線に走っていた。

当時、山健組は山口組内で最多の構成員を抱える組織で、一時は七〇〇〇人、「山健組に非ざれば山口組に非ず」とさえいわれた。単に山口組の一直系組に過ぎなかったにもかかわらず、稲川会や住吉会並みの組員数を誇っていた。暴力団の世界で組員数が多いことは、一般的にその組は強いというイメージで受け取られていた。

その山健組の中でも、特に渡辺が目を掛けたのが健竜会（第三次団体）だった。健竜会は渡辺自身が創設した組である。後にその四代目会長に上る井上邦雄は大阪戦争（一九七五年～七八年、賭場でのモメごとに端を発した山口組と松田組の抗争事件）の際、対立する松田組系の西口組組長宅（和歌山市）を配下に襲わせ、警備する組員二人を射殺、そのころ健竜会を率いていた渡辺に「名誉の功績」をもたらした。渡辺が後に五代目組長に上るのも、他のライバルが服役するなど幸運も手伝ったのだが、この射殺事件が大きく物を言った。

渡辺は事件で長期服役した井上の働きを多として、井上の出所後、山健組を遠隔操作して、井上を山健組の若頭に据えた。井上を遠からず山健組の組長にというのが渡辺の意志だったから、そのころ健竜会の勢いは山健組の中でも特に目立っていた。

本藤が山健組系組長の「企業舎弟」といわれたのは、この井上邦雄につく最側近の組長Qの「企業舎弟」という意味だった。本藤の背後に控える黒幕が他の暴力団を凌駕するものだったことは容易に想像できよう。

ちなみに企業舎弟は組の外に出て事業を行う者を意味するが、ほとんどが組員であり、組や組長を資金面で応援する。

簡単にいえば、本藤の黒幕は最強とされる山口組の中でも主流中の主流だった。

この「企業舎弟」説を本藤自身は次のように否定する。

「ぼくがQと親しかったのは事実です。しかしぼくはQの組に限らず、一度として暴力団に籍を置いたことがない。ぼくがなぜQとつき合ったかといえば、Qが好きでもあり、人間的に尊敬もしていたからです。Qにはチンピラ的な言動がなかったし、ぼくにカネを持って来いとも言ったことがない。

確かにつき合っている組の中には、ぼくに『組に入りなよ。身内になった方が話が早いから』と言う者もいた。そういうとき、ぼくはあなたとつき合うのであって、組とつき合おうとは思ってないと返してました。

何兆円という数字が飛び交う裏のシノギに魅力も感じ、それを勉強したいという気持ちもありましたが、他方、彼らにガジられる（食い物にされる）かもしれないという不安も感じてました。だから、彼らと組んで何か仕事をしようというとき、ぼくだけが出資する話には乗らなかった。損したとき、ぼくだけが損する話は危険です。彼らも出資し、一緒に汗もかき、損するときにはそろって損するというビジネスなら、ガジられる危険が少ない。

当時はヤクザと食事会することも多かった。まあ、見かけもそうでしょうけど、ぼくは喧嘩でのし上がったタイプじゃない。が、だからといって彼らに舐められたこともない。一緒に仕事をして、ぼくがヘタを売る（失敗する）こともあるわけです。ぼくは素直に謝るけど、関東の不良の中にはいつまでも失敗話を引っ張る者がいる。その点、Qは『終わったシノギだ。その話はいいよ』とパチッと返してくれた。後に引きずらない。さばさばしている。こういう点もぼくがQを好きだった理由です」

本藤が自然体で暴力団と交際していただろうことはなんとなく想像できる。しかし本藤は本人も予期しない形で、山健組系組長Qとの交際を他の暴力団への牽制に使っていたのかもしれない。本藤の後ろには当時最強といわれた山健組があり、しかも次世代を牛耳ること間違いなしとされたQが控えているとなれば、他の暴力団は本藤にちょっかいを出しにくいからだ。

おそらくそのころQや山健組の名は五菱会を凌駕していたはずである。本藤が五菱会系のヤミ金を乗っ取ったところで、五菱会はグウの音も出なかったろう。同じ山口組の直系組であっても、五菱会は大阪戦争や山一抗争で山口組のため、功績があった組ではない。経済力で急伸した組であり、しかもそのころは全国の警察からヤミ金にからみ捜査に次ぐ捜査の連打を浴びていた。本藤がヤミ金に乗り出した時期は、稀に見るタイミングだったのだ。

ヤミ金の三種の神器

本藤もヤミ金を始めるに当たっては、都知事の登録免許「都（1）」を一五万七五〇〇円だかを払って取得した。ヤミ金の三種の神器も特殊詐欺と同様、トバシの携帯電話、匿名（第三者名）銀行口座、多重債務者などの名簿だった。

しかし多重債務者名簿は同業者が荒らし回った後なのか、外れが多く、使い物にならないと分かった。そのため採った手段がダイレクトメールの送りつけだった。「三〇〇万まで即日融資」「無審査」などと大書した色刷りのハガキである。

「一枚を撒くのに五五円から六〇円かかる。しかし、費用がかかっても信用できる名簿がないから、ダイレクトメールで客を集めるしかなかった。一〇〇万枚ぐらい送りましたか。最初は六人ぐらいのチームで月の売上が八〇〇万円ぐらい。苦戦です。が、二カ月目はすごい売上で、ぼくが儲けの五割を持って行っても平気だった」（本藤）

ダイレクトメールを読んだ客から店に電話がかかってくると、緊急連絡先二人の名前と電話番号を紙に書かせて、店にファックスで送らせた。それを即ＰＤＦで保存し、原文を記したファックスは廃棄した。警察の捜査に備えての予防措置である。

貸すカネは二万円の三・五万円返しか、二万円の三万円返しか、どちらかだった。後はそれを一週間（七日）で返すか、一〇日で返すかの違いでしかない。返させるカネのうち五〇〇〇円は「書代《ショダイ》」といって書類代の名目だった。

本藤のグループは利用者に「いいよ、いいよ、今回は」などと親切ごかしに言い、極力元本を返させまいとした。もちろん裏では同じ客に別の店名で貸し付けを行っていた。客は返済額を準備していたにもかかわらず、今回はいいと言われれば、その気になって用意した返済額を費消し、二倍の返済額を抱えることになった。

こうした貸付を繰り返して、客を「地獄のサイクル」に落とし込み、最初に貸し付けた二万円を元に、その五倍、一〇倍、一〇〇倍にも当たる利息を貪ったわけである。

三洋信販（福岡市に本社を置いた消費者金融業者、プロミスに吸収合併された）の顧客名簿を入手したことも事業拡大に役立った。名簿の原本と合わせ、他のサラ金に名簿が回って、そこでの貸付状況を記した二次名簿も加えて、入手には数百万円かかったが、十分もとは取れた。

本藤のヤミ金は東京・新宿を本拠地としたが、携帯電話の利用に明らかなように営業地域は全国に及び、いきおいダイレクトメールも全国に撒くことになった。

「こっちも客も単に振り込めばいいだけですから、利用客は全国に広がる。やっているうち、県民性というか、だいたいの傾向が分かってきた。同じ東北でも福島の人は返すけど、秋田と岩手の人はなかなか返そうとしない。大阪は案外返すけど、渋いのは沖縄です。沖縄まで回収に来られるはずがないとタカをくくっているのか、催促してもテンで動じず、

問題にもしない。最後は沖縄の人に貸すのは嫌だなと思いましたね」（本藤）

五菱会系ヤミ金の残党は枝分かれし、まだ新宿辺りで営業していたが、本藤はそれらを見せしめで潰したり、乗っ取ったりした。

「乗っ取りとはいっても、やみくもに乗っ取るのではなく、話はちゃんとつけてました。『お前らの側に立つから安心しろ』などと兄貴肌も見せ、こっちの陣営に引きずり込む。

上の組織は何とか言ってきましたが、向こうは足元が揺らいでいるから強く出れない。たいてい暴力沙汰にはならずにすみました。もちろん山健組系のQ組長にきれいに納めてもらったこともあります」

こうして本藤は大きな既成ヤミ金グループ二つも吸収合併することに成功した。

「ぼくらとしては向こうの店の収益のうち、五割をこっちに運ばせれば、それでいい。が、十分儲かりましたから、そのうち『三割を持って来い』に減額した。下の者にもそこそこ儲けさせる、儲けを独り占めにしないのが長続きのコツと思ってました。

チームが五〇～六〇店舗ぐらいになるまでが大変だったけど、それを超えれば、『これは確かに儲かるな』というのが感想です。『この調子なら目標一〇〇〇店舗だ』と軽口を叩いてました」（本藤）

本藤はある雑誌に匿名で登場し、従業員が行う不正について次のように語ったことがある。

〈一番多いのは「抜き」。たとえば本当は八〇〇〇万の上がりがあるのに、上には五〇〇〇万と報告する。「抜き」は絶対に許されない行為で殺されてもしょうがない。ただ、私の場合は「抜き」には割と寛容で、「ダミー店」だけは許さなかった。足を洗うと言いながら、名簿や詐欺のノウハウを使って裏で自分ひとりで始める。そんな「ダミー店」は徹底的に潰しましたね〉

これに関連して、インターネットの掲示板に元従業員らしい人物が次のような書き込みをしている。少し長くなるが、本藤が従業員を締めるときには徹底して締めていたことを語るエピソードとして紹介しておこう。

〈まだ（本藤の）金融詐欺の店舗も数十しかなかった頃のお話。ピラミッド的な組織体系も整ってきた頃、カジック（五菱会梶山進のグループ）ＯＢが大量に流れ込んできました。カジック時代の店長や番頭など（うちのグループには）ザラに居たのですが、とりわけ本藤さんに気に入られた男（カジック系店長のＡ）がいました。（略）彼は本藤さんの信頼を得ていたと思えたし、本藤さんも飲み歩くメンバーに彼を入れていました。

当時は入金↓架空口座↓モバロ（モバイル口座）↓組織の口座……その間に三つほど過程を挟んで本藤さんの手元に（現金を運んでいた）。

Aさんは本藤さんと世代も近かったせいか、慣れが生じたのでしょう。抜き行為をやろうと企てました。またはカジック時代の誰かに入れ知恵されたのかもしれません。口座振替依頼書を使い背任行為をしました。口座振替依頼書というのは、公共料金やクレカ（クレジットカード）などのカネを口座から自動的に引き落とす手続きをするときに使う書類。Aさんはメイン口座の暗証番号を入手し、どこからか休眠中のローン会社を買い取ってその会社を利用しました。休眠中のクレカ・ローン会社を利用して、組織の口座に対して口座振替依頼書を銀行に提出する。たったそれだけの作業で組織のカネをすべて抜こうと企てたのです。

私が本藤さんには逆らえないと思ったのはこの事件の顚末です。所詮Aさんは本藤さんの側近に泳がされていたのでしょう。Aさんの背後に誰がいたのかは未だに不明ですが、「誰が空気を入れたのか吐かないと……」と拷問を（Aに加えました）。

その事件以降、Aさんと連絡が取れる人物はAさんの嫁も元カノも含めて皆無でした。海の藻屑と消えたのか、当時の本藤さんたちの得意だった産廃の処理場に捨てられたのか。

それは誰も聞くことはできませんし、誰も私の周りでは知りません。これを与太話と聞くか、事実だと捉えるかは皆さんの自由です。

他の五人衆と呼ばれる四人の方は私程度では面識もありません。

しかし本藤さんのあの目の奥でほくそ笑んでいる瞳には何が隠されているのか。おしまい。おしまい〉

ここに記されるAの話が事実かどうか、筆者は知らないし、本藤にも確認できない。ただ本藤は、「従業員など身内の指も四、五本は飛ばしたことがある、ことの行きがかり上、埋めた死体も一人や二人じゃない」とつぶやくように洩らしたことがある、とだけ伝えておこう。

ヤミ金やシステム詐欺の従業員には海千山千の連中が多いだろうから、ときに恐怖を味わわせるのも統治する手なのかもしれない。

店舗三〇〇、従業員一三〇〇

一店で貸付残高が一億円、回収率が八〇％台後半なら十分儲かった。ヒラの店員に歩合を入れて五〇万円の給料を払い、まだ利益が出ていた。

「従業員は遊ばせないとダメです。五〇万円の給料ならキャバクラにも行ける。ぼくが歌舞伎町のキャバクラに行くと、客の中に会釈したり、挨拶したりする者が何人もいる。うちの店の店員か、ぼくを知っている者だろうと思って、ぼくも会釈を返していた。

寄ってくるヤツには高めのボトルを入れてやったり、勘定を持ってやった。こっちの様子を何気なく見ている者に『あの人のグループはいいな。儲かってるようだし、中に入れば大事にしてもらえるんだ』と思わせたかったからだ。グループをもっともっと大きくしたかった」

最終的に本藤のヤミ金は三〇〇店舗を数え、従業員一三〇〇人を抱えるまでに肥大した。

給与月額は新入でヒラの「店員」になると、四〇万円からスタートした。

店員の上が「番頭」で、役回りは店長補佐。月給は二〇〇万〜三〇〇万円になる。

「店長」の月給は七〇〇万〜八〇〇万円。

その上が「統括」といい、月給一〇〇〇万円が基本で、それに統括する店舗数で割り増しがついた。

その上が「総括」で月給が五〇〇〇万円。

さらに上が「社長」になり、この月給が一億五〇〇〇万円〜二億円。

その上が三人から成る側近の「幹部」で、月給二億〜三億円。その上が本藤本人で、月収が最低でも二億〜三億円だった。

おそらく読者は、彼らの給与が巨額すぎることに喫驚するにちがいない。それも完全に無税というか、最初から税金を納める気のないカネである。

だが、こうした数字は必ずしも誇張したものではない。後で触れることになるが、巨富を蓄えた者にはまた独自の苦労や災難があるのだ。

「統括は時期によって違うが、三〇〜四〇人いた。統括は下の動きに目を配って、上にも物を言える。統括がしっかりしているところは収益をしっかり上げていた。その点総括は社長になれない中二階のような存在です。中途半端。

社長は一一〜一二人いた。金曜の夜までに社長は傘下の店からカネを集めきる。ぼくのところには土曜の昼までに三人の幹部がカネを運んでくる。ぼくは幹部以外とは会わないようにしていた。カネを受け取る場所は三年半ほど六本木ヒルズを借りていた。あそこは得体の知れない人間が多かったから、幹部が出入りしても目立たないと読んだからです」（本藤）

各店の貸付残高や回収額、回収率などは毎週、それぞれ「統括」が受け、「総括」や社長、幹部に報告することにしていた。が、統括が各店から携帯電話のショートメールなどで報告させれば、警察の通信傍受とはいかないまでも、携帯電話の紛失などで全容が知られ、被害が全体に及ぶ危険があった。

本藤はメール本文が発信されないかぎり、警察が通信傍受しようとしても傍受できないと聞き、一計を案じた。グーグルメールの利用である。

グーグルメールは利用者がアドレスとパスワードを決めれば、以後、無料で利用できる。総括と傘下の店長がアドレスとパスワードを共有し、いつでもどこでもグーグルメールにログインできる体制を取った。

その上でグーグルメールに店長の暗号名と報告すべき数字を記入させ、発信しないでメール本文を下書き保存させる。次の店長が同じようにグーグルメールにログインし、また同じように暗号名で同じ下書きに数字を書き込む。

こうしたことを関係者全員が行う。と、メールは下書き保存されるばかりで発信されないから傍受されようがなく、しかも店長たちは他店の数字を否応なく目にする。競争心を搔き立てられ、「来週こそはうちがトップを取るぞ」と頑張る……仕掛けである。

筆者はこうした措置が実際に役立つのか役立たないのか承知せず、判断する知識もないが、少なくとも本藤が上に立つ者としてグループ全員の安全性（警察に逮捕されない）に腐心していたことはお分かりいただけよう。

総じてヤミ金からオレオレ詐欺への転換は必然だったといえよう。

本藤が説明する。

「ぼくが店長の地位を、今まで以上に上げてやりたいとする。しかし判断の基準は数字であって、ぼくが勝手に昇格させるわけにはいかない。

じゃ、その数字って何かといえば、貸付残高と利息回収率です。それしかない。貸付残高が一億円で、利息回収率が一五〇％、一億五〇〇〇万円だとなったら、誰だっておかしいと思う。が、そういうことが現実に起きた。

というのは、店長連中が貸付金の回収だろうと、他の名目の振込だろうと、カネはカネだということで、カネを貸し付けてもいないところからカネを引っ張った。オレオレ詐欺です。オレオレ詐欺による振込金を回収金に紛れ込ませたわけ。当然、回収率は信じられないくらい上がった。ぼくとしてはその者を厚遇するしかないわけです」

要するにオレオレ詐欺は、回収率アップを原動力としてヤミ金から自然発生した。「ヤミ金＝システム金融」が「オレオレ詐欺＝システム詐欺」に換骨奪胎されたのだ。

変質するための舞台装置はヤミ金の店舗のままでいい。稼働する人員もヤミ金のままでいい。使う道具も携帯電話、名簿、架空口座とそっくり同じで移行できる。あくまでも犯罪の世界の話だが、「これはアイデアだ、伸びる」と本藤が膝を叩いたとしても不思議ではなかろう。

こうして本藤のヤミ金グループの中で兼業的にオレオレ詐欺が始まった。

「架空請求屋はヤミ金の進化型なんです」

ここで筆者は一〇年前、二〇〇四年八月に都内で取材した架空請求詐欺師を思い出した。男は三〇そこそこ。中肉中背、割にイケメンで高級そうなスーツをきちっと決めていた。男たちが主にやっていたのはアダルトサイト利用者への架空請求詐欺だった。

この男は言った。

「ヤミ金をやってましたが、客にカネを貸しても返さない時代になって、それなら貸してもいないカネを請求して、取ってやろうとなったわけ。ヤミ金からこの道に入った者は多く、いわば架空請求屋はヤミ金の進化型なんです」

男の話は本藤の話とほぼ符節が合う。架空請求詐欺もオレオレ詐欺も同根のヤミ金からスタートしている。本藤がヤミ金に関わり始めたのは〇二〜〇三年辺りだから、時期的に男の架空請求詐欺と本藤グループのオレオレ詐欺とはおおよそ重なっていよう。

男へのインタビューは前記した通り〇四年だから、回顧ではなく、その時点でのリアルタイム情報である。当時、詐欺の現場がどうだったかを示すため、少しだけ男の話を続けよう。

男のグループは五人で、月商二億円を上げていた。事務所を持ち、振り込ませ用の銀行口座や、架空請求に使うトバシのケータイ（使い捨て携帯電話）、顧客リストの仕入れなど、いくぶんか経費はかかるが、それでも月経費は一〇〇万円程度、売上の九割方は利益になった。仲間というか社員には、その者がその月カモに振り込ませた額の一〇%、平均月二〇〇万円ほどを支払っていたが、主宰するこの男個人としては当時、二年弱で一〇億円は稼いだといっていた。

架空請求詐欺屋は足がつかないようトバシのケータイを使って架空請求し、これまた足がつかないよう偽名の口座にカネを振り込ませた。

彼らはどこの誰に、主としてアダルトサイト利用の名目で架空請求するのか。ターゲットとなる人間をどう見定めるのか。

架空請求のもとになるのは名簿であり、架空請求屋にとって「名簿は命だ」とこの男は言った。

「名簿屋の売る名簿は新しく見せるために勝手に利用の日付を変えたりしてるから、まず信用できない。名簿の値段は安ければ一人当たり一〇円、高ければ一人当たり三〇〇〇円につく名簿も出回ってます。だけど高くてもカス名簿はあるわけで、出回ってる名簿はほとんど買わない。

知り合いのアダルトサイトの側から買ったり、システム構築会社の管理職的な人間をカネで抱き込んだりして、手に入れてます。サイトをハッキングできれば一番早いけど、実際にはハッキングするケースは少ない。

ネタとしていいのは、やはりケータイ用アダルトサイト利用者の名簿です。ちょっと前まではレンタルビデオ店にバイトを送り込み、延滞者リストをパクることもやってた。今は難しいけど。

AV女優のファンクラブを装って「ファンの集いが開かれます。先着何名様」とかウソをついてダイレクトメールを送ったり（返信があれば、詐欺のターゲットとして脈ありと判断して名簿採用）、また年金未納名目詐欺では、自治体のお知らせハガキをまねて架空請求したりとか、ターゲット次第で名目も変えるし、架空請求の仕方も変えます」

相手がアダルトサイト利用者なら、あくまでも中立的な第三者機関を装うことが基本とも言った。

「うちでは債権管理組合を名乗ることが多いんですけど、決して『払え』とは言わない。相手をびびらせることもしない。あくまでももの柔らかに『早めに処理した方がお得ですが、どうしますか。うちはどちらでもいいんですよ』と、採る道を相手に選ばせるトークです。

なまじびびらせると、相手が反撃しておしまいになる。中には頭に来て『この野郎、デタラメこきやがって、殺すぞ』なんて相手もいる。昔なら『殺す？　上等やんか、殺してみいや』と出るところ、今は『殺すですか、あっ、怖いですね』と流す感じ。喧嘩腰ではやりません」

即時に振り込むよう誘導

この男によれば、架空請求に使うトバシのケータイは一カ月の利用保証で三万円ぐらい。もちろん利用料は最初から払う気がなく、一カ月使い放題で三万円という感覚である。ケータイ電話会社が気づき使用差し止めになるか、なる寸前で捨てる。カモからの振込金を受け入れる架空（第三者名義）口座はインターネットバンキング付きで、一口座五万円ぐらいで買う。

「ケータイも架空口座もインターネットで売ってるヤツには手を出しません。ネットは詐欺だらけで信用できない。取引が長い信用できる業者から仕入れてます」

仕事は朝八時半に事務所に集合して開始する。

「まずやるのは銀行口座がまだ生きてるか、確認の作業です。これはパソコンにAirH"など無線の端末を取り付け、ネットバンキングにログインすることで確かめます。もちろんこのAirH"もトバシのヤツで、端末からも足跡を残しません」

この時代にはまだ光回線などは登場していない。AirH"は現在、エア・エッジと改称しているようだが、ウィルコム（当時DDIポケット）が二〇〇一年から提供したPHS回線を利用した通信サービスである。これもトバシのAirH"を利用したというから、警察への警戒心はかなり徹底していた。

「口座に入金があれば、ネット経由で別のもっと安全な口座に移す。犯行がバレるとすれば銀行からだから、可能なかぎり用心してます。

その後九時から午後三時まで、銀行が開いている時間は全員で架空請求の電話をケータイでかけまくる。銀行の営業時間中に電話するのは相手に考え直す時間を与えず、即時に振り込むよう誘導していくからです。その後、五時まで休み、夕方五時から八時までケータイを使って、次の日の朝一番で入金するようまた架空請求していく」

だが、振り込まれたカネをネットバンキングで口座から口座に移す程度で安心しているわけではない。信用できるのは現金だから、別に銀行引き下ろし係を用意している。

「引き下ろし係は一番危険です。銀行で下ろそうとコンビニで下ろそうと、つねに顔がモニターカメラで記録されている。だからたとえ警察に捕まっても、吐かない、罪を上に及ぼさないと信用できる人間を引き下ろし専門で雇ってます。この人間に一回二〇万円ぐらいずつ、小口で何度も引き出させる。ぼくは一日一〇回ぐらい引き下ろし係にケータイで指示を出してます。

引き下ろし係は絶対事務所には出入りさせない。完全に架空請求部隊とは切れた形にしてるし、引き下ろし係には引き下ろすだけで月一〇〇万円ぐらいの給料を払ってます」

おそらく社外でこの男は引き下ろし係に会い、その日の振り込み＝収入の受け渡しを行って、彼だけが知る場所と方法で保管するのだろう。

「こっちが一回架空請求して、たとえば五万円入金する人間はそれだけじゃすまない。二回目は別の管理組合の名前で架空請求し、二〇万〜三〇万円、三回目は海外からの請求代行を装って五〇万円以上を引っ張る。うちではだいたい一人合計二〇〇万円ぐらいでやめてます。それ以上一人から引くと警察が動く可能性がある。

カネを入れる人間は、一〇回、二〇回と入れて、一〇〇〇万円もやられる。それでなお自分を被害者だとは思ってないんだから、この商売はうまいわけです。取れるヤツからは根こそぎ取ります。

それも最初は『登録有り難うございます』というお礼や、『今なら五日以内ですから三万円ですみますけど、明日になると残念ながら六万円になってしまいます』『このまま放置されておくと、業者は裁判に出るかも。そうなると別途一〇万円が請求されることになるでしょう』とかのトークで始めるんです」

架空請求詐欺は話術と駆け引きだけである。いい名簿と口が立つ人間が組み合わさると「一〇〇％爆発する」と言った。入金に次ぐ入金で銀行口座が爆発するのだろうが、えてして余剰資金を持つ者はしゃぶられる。この男自身も今やありあまるカネを握って、さらなるブラックである暴力団などから身柄をさらわれ、身代金をもぎ取られることを恐れる毎日と語っていた。

　本藤のグループは最初オレオレ詐欺が中心だったが、徐々に特殊詐欺＝システム詐欺全般に手を広げていく。当時、やっていたことはこの架空請求詐欺グループと同じようなものだったろう。

第五章　鉄壁の経営とトラブル

金属バット襲撃事件

本藤が率いる軍団はほどなくシステム詐欺に特化するグループと、従来通りヤミ金を続けるグループに二大別された。比率でいえば七対三で詐欺グループの人気が高く、従事する者が多かった。

詐欺グループはヤミ金専業グループより総じて稼ぎが多く、ヤミ金グループをバカにした。

「お前らは実刑が怖いんだろ。だからそんなしょうもないことをコツコツやってるんや」

出資法も貸金業法も二〇〇七年から罰則が強化され、無登録営業は懲役一〇年以下、罰金三〇〇〇万円以下、法人は両罰で一億円以下となった。高利の貸し付けも同じように懲役一〇年以下、罰金三〇〇〇万円以下、法人は両罰で一億円以下と刑罰が重くなった。

実際の量刑は罰金が五〇万～二〇〇万円、懲役は八月から長くても四年といった刑が多くなり、詐欺グループがくさすほど軽い刑ではすまない。

対して詐欺は被害者に対する弁償がない場合でも四〇万～五〇万円ですむが、懲役は高く四～五年が多い。いくぶんか量刑は詐欺の方が重いといえる。

本藤は従業員がヤミ金を好もうとシステム詐欺に走ろうと何も言わなかった。彼が従業員に勧めていたのは「サクッと稼いで、サクッと辞める」だった。ヤミ金や詐欺は長く続ける商売ではない。

カタギの商売を始める目標が立ち、資本が貯まったら、「さっさとヤミ金や詐欺から足を洗った方がいい」が本藤の持論だった。後輩には各界に巣立ち、そこで確実な地盤を築いてほしい。そうすれば彼らをブレーンとしても、協力会社としても使える。ゆくゆく自分もカタギの事業に転じているはずだ。そのときにはカタギの彼らに助けてもらおう、と考えていた。

が、本藤の実際の生活にはさほど緊張感はなかった。独身だったこともあり、朝は前夜泊まった闇カジノで目を覚ました。が、時間だけには正確で、どんなに眠りが足りず体がきつくても、午前八時半には執務室に顔を出した。そこで幹部たちと情報交換し、仕事の打合せをする。午後三時になると入金が終わり、執務室で仮眠を取る。

辺りが暗くなると運転手付きの車で新宿や六本木、赤坂辺りに飲みに出かける。飲んだ後は闇カジノに出向いて運を試し、眠くなったら、上客用に用意された寝室で眠る。

毎日、これの繰り返しだった。自堕落な生活といえるかもしれないが、それでもカネは処置に困るほど流れ込んできた。あまりに巨額だったから、銀行に預けることは不可能だった。税務署にカネの残高や出所をお伺いされたくないから、土地も株も債権も買えない。基本的に遊び以外には使い途がなかった。

それでもカネはうなりをあげてなだれ込んできた。タンス預金せざるを得なかったが、とにかく巨額だった。

一億円というとみかん箱一つぐらいのボリュームになる。それが何十、何百箱と積み重なった。仕方なく渋谷区東一丁目に住まいとは別に目立たないマンションを借り、そこを自分だけのカネ置き部屋にした。カネ置き部屋は他に北新宿のマンションと、渋谷に近い神泉の戸建てにも設けていた。渋谷の南平台には期限切れになったトバシの携帯を山ほど積んだ専用部屋を用意した。

〇四年四月二七日の夕方、新宿で自分の取り分四八〇〇万円をグループの「幹部」が運んできた。執務室に放置もできないからバッグに詰め、タクシーで渋谷のカネ置き部屋に向かった。秘密の部屋だから、ふだん運転している男の車では移動したくない。

本藤がマンション前でタクシーを降りると、四、五人の男がいきなり駆け寄り、物も言わず本藤を取り囲んだ。手に金属バットを持っている。

何をするつもりだ、こいつら、と本藤が仰天しながら見回すと、いきなり一人の男が無言のまま金属バットで本藤の胸を横殴りした。ガキッと音がし、呼吸もできないほど強烈な痛みに襲われた。思わず本藤がうずくまると、男たちは容赦なく本藤の頭や肩を目がけ、金属バットを打ち下ろした。なすすべもなく、本藤は頭を抱えて路上に転がった。痛みが激しく、吐き気さえ覚える。

男たちは本藤のバッグを奪い、ついでのようにして背広の内ポケットを探って財布を引き出した。中の札だけ抜いて、財布は路上に投げ捨てた。カネだけ取れば用がないらしく、小走りで現場から逃げていく。

本藤は立ち上がろうとした。が、道路に手をついて体を持ち上げようとすると、胸に飛び上がるような痛みが走る。しかし道路に寝そべっているのはあまりに無様である。ようやくガードレールにつかまって、上半身だけ起こした。周りは野次馬が取り巻き始めた。サイレンの音が聞こえ、救急車とパトカーが相次いで到着した。担架に乗せられ、救急車に運び入れられるとき、警官がそばに寄ってきて「誰かに襲われたわけ？　取られた物は何？」と聞いた。

「何も……、何もないです」

本藤はとっさに答えた。警察に「四八〇〇万円入りのバッグを奪われ、財布の中には二五万円ぐらい入っていた。それもだ」などと言える道理がない。言えば、カネ置き部屋が発覚してしまう。

結局、本藤はあばら骨を三本折られていた。が、警察に被害届けは出さなかった。男たちがバッグの四八〇〇万円だけに満足し、カネ置き部屋に気づいた様子がなかったことに感謝しなければならない。

警察は事件を諦め切れないらしく、犯人たちがどこに逃げたのか、タクシー運転手に聞き回ったらしい。その結果、ほぼ同時刻、若い男たち四人を渋谷から錦糸町にまで運んだタクシー運転手がいることが分かった。

暴走族上がりだなと本藤は思った。歌舞伎町でハデに遊んでいたから後をつけられ、渋谷のカネ置き部屋をマークされて張り込まれた。彼らの段取りはそんなところだ。

が、彼らを追っかけ、カネを返させたところで始まらない。だいたいカネはヤツらの借金返しや遊興でアッという間に消えたはずだ。四八〇〇万円はくれてやる。また稼げばいいだけの話だと本藤は考えた。

「ヤミ金がやれない人間は物にならない」

グループのシノギはいつの間にかヤミ金からオレオレ詐欺にまで増殖していた。犯罪性がより強まったわけで、万一警察の摘発を受ければ、グループ全体が壊滅的な打撃を受ける。

今まで以上に堅い防御陣を敷かねばならない。うっかりミスは許されない。つねに警察はどう突いてくるか、ときに警察官の目になって想像力を働かせ、自陣の防御を固めておかねばならない。

この商売を続けている以上、従業員が十分に稼ぎ、可能なかぎり警察に逮捕されないようリードしていかなければならない。それがグループを引っ張る自分の使命だ、と本藤は考えていた。

「詐欺は当たり外れの波が大きいから、グループの経済を安定させるためにはヤミ金が欠かせない。それにヤミ金は易しく、誰にでもできる。ヤミ金がやれないようだと、他に何をやっても物にならない。新入店員教育にすごくいい。

ヤミ金と詐欺はぼくのグループにとって車の両輪でした。どちらも欠かせない」

ヤミ金も詐欺もトバシの携帯を使い倒すシノギである。携帯なしでは一日として商売は立ち行かない。

　しかし携帯電話はたいていGPS機能を備えている。GPSはその電話が今どこに存在するか、経度と緯度で示せる。警察など関係者がその気になれば、携帯電話がその時点でどこに存在するか、場所を特定できる。

　本藤は組織防衛上、これはヤバすぎると考えた。携帯が意図せずに敵に内通する可能性がある。どうしたらいいか。あれこれ考え、ほどなくアイデアが浮かんだ。

　すぐ全員に通達した。

　携帯は仕事用と個人用と二つ持つこと。二つの携帯は峻別し、間違っても混用しないこと。仕事用の携帯は夜間、使わないときには電源を切り、電子レンジの中に保管すること。夜間は個人用だけを使うこと。翌朝、仕事場で電子レンジから携帯を取り出し、電源を入れて仕事に使用すること……。

　電子レンジには使用する電磁波を外に漏らさない仕組みがあるから、中に入れた携帯電話の受・発信機能を無効にすると考えたのだ。

　ヤミ金にしろシステム詐欺にしろ、絶対守らなければならないのが秘匿性である。そこに集まっている者たちが犯罪に手を染めていることを、警察や郵便局はもちろん、隣近所や宅配業者、出前の飲食店、電気やガス、水道の検針員にも気づかせてはならない。

そのため店がマンションの一室などを借りるときには、まるで無関係の第三者名義で行い、メンバーは浮上させない。水道光熱費やプロバイダーなどの契約も第三者名義を固守する。部屋は角部屋が望ましく、壁が厚くて音が外に漏れない構造を選ぶ。そのくせ防犯のモニターカメラは設置していない、好奇心旺盛でおしゃべりな住民が居住していない

——などを拠点選定の条件とした。

店長たちが週ごとにその週の売上を運び、会議する「社長」や「統括」のオフィスは極力一戸建てを借りる。多数の人間が出入りし、寄り集まっても近隣の好奇心を呼ばないためである。

使う携帯電話はトバシかプリペイド式の携帯に限ったが、プリペイド式は電話をかけまくるうちにチャージした料金分を越え、突然通話できない事態を避けなければならない。ヤミ金でもシステム詐欺でも、使っているのがプリペイド式携帯と相手に分かれば、犯罪者だと告白するに等しいからだ。

プリペイド携帯はつねに料金をチャージし、フル稼働できる状態にしておく。が、チャージのため料金を振り込みたくても、午後三時を回れば、銀行は閉まる。

「そのころミニストップなどのコンビニでスマートピットを扱っていた（現存する）。これを一万円なら一万円分買い、受付で『各種代金』から携帯料金、『スマートピットでの支払い』を選び、スマートピットの番号を入力する。と、深夜であっても時間に関係なくプリペイド携帯にチャージでき、携帯の使用可能時間が延びる。これは助かりました。新宿辺りでスマートピットは詐欺師御用達のアイテムになっていた」（本藤）

現代社会で匿名を死守するのはかなり難しい。たとえば詐取したカネを振り込ませる第三者名義口座にインターネットバンキング機能がついていたとする。これを使ってチャージ料金を振り込めば、その銀行口座と携帯電話が関連づけられる。警察は銀行口座を掴み、携帯電話の番号に辿り着き、それが詐欺に使われていたことを発見する。

こうなれば身の破滅どころではない。グループ全体が一網打尽になる。絶対警察に情報を掴まれてはならない。その点、スマートピットはカードの持ち主と結びつく情報をいっさいカットしている。本来、カードの持ち主情報を売り手に渡したくない利用者がインターネット上で買い物やサービスを利用するため開発されたカードである。

ブラジル製の電話転送機も利用したと、本藤は語る。

「これはものすごく高い。一台が一〇〇万円ではきかなかった。これを使うといったんブラジルに音声が送られるということで、海外通話料も取られる。電話代がすごく高くついたが、そのかわり電話を掛けた先のナンバーディスプレイにこっちの希望する電話の下四ケタが表示される。

たとえばオレオレ詐欺をやっていて、杉並警察署の警官役が、息子がしでかした交通事故を母親に説明するとなれば、杉並署の電話番号『〇三‐三三一四‐〇一一〇』は正確に出なくても、下四ケタに『〇一一〇』が出る。母親はこれを見て『あ、一一〇番からだ、警察だ』って錯覚する。詐欺の効果もいっそう増すわけだから、機械代なんか一回か二回、詐欺を成功させれば、簡単に取り戻せる。

まあ、現実的には一種のお遊び、われわれの道楽だったでしょうけどね」

「運転免許を持っていない者を選べ」

足がつかない携帯電話をそのときどきどう確保するか。神経と工夫が要る準備作業だった。しかし、〇六年五月に施行された会社法で新しく設けられた「合同会社」がその解決策に結びついた。

合同会社は代表社員一人だけで設立登記することが可能で、紙で定款をつくり、法務局の出張所に提出する場合は四万円の収入印紙を貼らなければならない。だが、電子定款ですませれば印紙を貼付する必要がない。しかも社員（出資者）は有限責任で、会社の債務に対して責任を負う必要がない。

グループには多重債務者の身分証明書の控えがゴマンとあった。彼らに名前と元の住民票の住所を借りて、安く簡単に合同会社をつくれる上、潰したところで責任を取らされることがない。

本藤が合同会社に目をつけたのは、会社組織だと一社の名前で一どきに携帯電話を二〇本も三〇本も買うことができたからだ。買ってすぐ会社を潰し、代表社員が行方をくらませれば、携帯電話はたちどころにトバシの携帯に変わる。

これを店員に配る。料金不払いなどで携帯が使えなくなれば、また合同会社をでっち上げ……といったことを繰り返した。

もっとも神経を使ったのは「下ろし子」の安全確保である。ふつうは「出し子」というが、本藤のグループだけは「下ろし子」で通した。銀行やコンビニのATMで現金を引き下ろす役だからだ。

「下ろし子」の使用には思わぬメリットもあった。どこかのグループが捕まり、「出し子」と報じられれば、うちのグループではないと確認できた。安心していられる。

「下ろし子」にはグループの情報をまるで知らない外部の人間を使った。「統括」がその都度「下ろし子」を選任したが、可能なかぎり「統括」は下ろし子に接触しないようにした。

しかし、とはいえ、「下ろし子」には銀行のキャッシュカードを渡し、暗証番号を教える必要があった。「下ろし子」が引き下ろしたカネは「統括」が受け取り、謝礼を払わなければならない。完全な非接触は不可能だから、別の信用できる人間を間に入れて距離を保つなど、工夫が必要だった。

基本、「下ろし子」は使い捨てだった。警察が「下ろし子」を挙げても、「下ろし子」が組織について何も知らなければ、組織は守れる。が、「下ろし子」はそれまでの詐欺行為の最終目的であるカネに替える一点を支えていることで重要であり、ATM前のモニターカメラで顔を撮影・録画されることで、もっとも危険な役割である。

使い捨ての「下ろし子」であっても、彼らの身の安全は極力守らなければならない。本藤は「下ろし子」には次のように指導せよと通達した。

超高輝度のLEDライトをペンダントのように首からぶら下げ、コンビニに入る直前に前方に向け点灯すること。店内の防犯用モニターカメラは顔の下から出る高輝度の光で絞りが狂い、顔が白く飛んで、どこの誰であるか特定させないからだ。また「下ろし子」にはATMに取りつく前後、駆けるように指示した。歩行の姿勢とリズムには各々癖がある。街頭の防犯カメラを意識し、駆けることで、その癖を消そうという算段である。

しかし、それ以上に重要なのは、「下ろし子」には自動車運転免許証を保有していない者を選べという通達だった。

どういうことなのか。捜査の流れを考えてみる。

警察は被害者が振り込んだ口座から、いつどこのATMでカネを引き下ろしたか、銀行に協力してもらい摑む。

現場が新宿のコンビニ店だったとする。

警察は店内のモニター画像をチェックし、問題口座から引き下ろした人物を特定する。その画像をまず店員や近隣住民に見せ、「この顔に記憶がないか」と聞き回る。当然、「下ろし子」はふだん使いなれているコンビニは選ばない。「この人、見たことがあるお客さん。一週間に一度ぐらい来る」などと店員に言われたくないのだ。

警察は次に全国の運転免許センターに保存する膨大な数の顔写真とコンビニの画像を電子的に照合し、これが犯人だろうと思われる者を何人か選び出し、一人一人その人間のアリバイをつぶしていく。こうした地道な作業でどこの誰と特定できるかもしれない。つまり警察が最終的に頼りにしているのは運転免許センターが保存する顔写真なのだ。

こうした危険から逃れるためには運転免許証を持たないことが一番である。過去、一度も免許証を持とうとしたことがない者なら、さらに万全である。警察は犯行現場に残された顔写真と、存在しない顔写真とを照合することはできない。

本藤は過去、一度として起訴されたことがない。が、喧嘩の場にい合わせたなどを理由に警察の留置場に放り込まれたことはある。警察の個人データには、自分についてどんなことが書いてあるか気になり、知り合いの警察官に「ちょっと覗いてくれないか」と頼んだことがある。

警察官はほどなく電話してきた。

「あんたのデータがあることはある。が、どういうわけか、警視以上じゃないと見ちゃならんという条件がついている。警部補の俺が見るのは無理だね」

本藤は学生時分から広告会社時代にかけて親しかった後藤研二のことを思い出した。後藤の父親はまる三年間警視総監をやった。当時は後藤の家に遊びに行ったし、何回か食事もご馳走になった。食卓には父親の警視総監が座っていたこともあったし、父親の部下まで一緒だったことがある。その部下は後藤の父親の後の警視総監になって、本藤はへーと、なぜか違和感を覚えた記憶がある。

後藤の父親は高校時代、渋谷のチーマーだった息子さえ受け入れたぐらいで、融通が利くというより利き過ぎる性格だったのか。それで息子の友だちである本藤のリストに細工してくれたのかもしれない。案外、自分は警察に守られていたりして、と本藤は一安心した。

「死体は血抜きして捌いておく」

本藤が渋谷で襲われ、四八〇〇万円を強奪された〇四年の一〇月、本藤グループの拠点と同じ新宿で、架空請求詐欺をやっていたグループが凄惨な仲間割れ殺人事件を引き起こした。

その年六月、徳島県警が詐欺容疑で逮捕した容疑者の一人(当時二七歳)が、行方不明になっている架空請求詐欺のメンバー四人について、「仲間と監禁・暴行して四人とも結果的に殺害、遺体を茨城の方に運んで捨てた」と供述した。

これにより仲間割れ四人殺害・死体遺棄事件がめくれた。

主犯（二六歳）は友人と一緒に広告会社を設立したが、経営が軌道に乗らず収入につながらなかったため、友人と一緒に融資保証金詐欺に乗り出した。詐欺は短日月で成功し、全国三五〇〇人以上の被害者から一億七〇〇〇万円ものカネを騙し取った。

しかし主犯はBS番組のスポンサーになるなど、カネをオモテ事業に振り向けたため、詐欺班の従事者は給与面に不満を持った。千葉県船橋市に住む西村某（当時二五歳）や杉並区に住む飯村某（同三一歳）ら四人は中国人マフィアを雇い入れ、主犯やその一派を殺害してカネを奪おうと計画した。

が、これを察知した主犯一派は同年一〇月、船橋で乗用車に乗っていた西村某を引きずり出し、ワンボックスカーで新宿の拠点事務所に拉致した。同じように幹部殺害計画に加わった三人を事務所に連れ込み、覚せい剤を打ち、熱湯をかけるなど凄惨なリンチを加えて、計画の全容を吐かせ、一人を殺し、他の三人を拠点に監禁、ガムテープで顔をぐるぐる巻きにして放置した。

三日後、拠点に近い新宿西口の高級ホテルのスイートルームに陣取り、彼らをどう処理すべきか、主犯一派は話し合った。暴力団に頼み、報酬一億円で一人の遺体を遺棄することで話がまとまったが、直後、他の三人も絶命してしまった。

大久保に所在した山口組系の組が主犯一派に頼まれ、四人の死体を見せられた。彼らはひどい腐臭と膨満した死体に面をそむけ、苦情を並べたという。

「無理だよ、こんな状態じゃ。死体は血抜きして、捌いておく。最終工程をまるでやってないじゃない」

結局、暴力団は遺体四体の遺棄・埋め立てを一億円プラス追加料金一五〇〇万円で引き受け、茨城県小美玉市に埋めた。が、徳島県警による逮捕をきっかけに事件が発覚し、関係者一八人が逮捕、起訴された。

彼らの自供に基づき翌〇五年六月、遺体は発掘された。遺体はスネから先が切断されるなど、まともに見られる状態ではなかったという。

主犯一派や暴力団は逮捕され、一三年一月～二月、最高裁小法廷で判決が出た。主犯と他二人が死刑、もう一人が無期懲役と確定した。

仲間割れ殺害事件の摘発と推移に本藤は震撼した。

彼ら架空請求詐欺グループはあまりにやり方が拙劣で素人集団、徳島県警に取っかかりの事件を捲られること自体、信じられなかった。おまけに主犯もグループを率いる器量と知識に乏しすぎると感じたが、一歩間違えれば本藤のグループで発生していても不思議でない事件だった。互いに互いの命をつけ狙うほど巨額のカネを扱っている。カネのため命の取りっこをするヤツが出て来ないともかぎらない。

自分は絶対こういうへまはしないと本藤は深く心に期した。

税務署員が朝七時に来訪

○五年、変な事件が起きた。
本藤が青山のマンションで寝ていると、朝七時ごろチャイムが鳴った。誰かと思ってモニターを見ると、四〇代ぐらいの男が首に掛けた身分証をカメラの前でかざしていた。

「渋谷税務署の誰々です。ちょっとお話があるんで入れて下さい」

税務署の人間には会いたくない。が、来た以上、追い返すわけにはいかない。それにしても、ヤバイなと本藤は当惑した。部屋には二億円ほど現金を置きっぱなしにしている。知り合いに頼まれ、拳銃一丁まで隠している。どうしたものか。

が、今さらじたばたしても間に合わない。なるようになれと腹を括ってドアを開けた。

相手は二人組だった。一人は渋谷税務署、もう一人は国税局の法人担当だった。

部屋に入ると、名乗った方の男が言い出した。

「あんた、本藤さんだよね」

「そうですよ」

「あんた、ヤミ金やってるんでしょ。たっぷり儲けてると聞いた」

本藤は返した。

「どっから聞いたか知らんけど、デタラメで引っ掛けようとしたってダメよ。ヤミ金なんかやってるわけない」

「ほう、そうかい？　否定する？　だったら渋谷署の人間、今から連れてこようか。そいつからこっちはきちんと聞いてる」

警察は鬼門である。

「いいよ、連れてこなくて。それで俺に話って何よ？　こっちは出かけなければならない。忙しいんだ」

「あんたが儲けてるんなら、所得税を払ってもらおうと思って」

男は言った。部屋の中を見回すでもなく、二億円や拳銃には目も向けようとしない。もっともちょっと見では、分からないところに隠していたのだが。

「所得税？　ぼくも日本国民だから」

本藤は所得税と聞いて、ほっとした。犯罪でないのがいい。脱税も犯罪だが、帳簿をつけていないから脱税という意識もなかった。「払わんでもないよ。いくら払ったらいいの?」

「いくら儲けたんです」

「そんなこと、ぼくは計算してない。その前に、あんたはいくら税金を払ってもらいたいんだ。一億、二億なら払ってもいい」

「一億、二億? 冗談じゃない。少なくとも渋谷区民の長者番付一〇〇位ぐらいは払ってよ。どうせ長者番付の発表は今年かぎりだ。来年からは発表されない。あんたが高い税金を払ったところで、世間が知ることはないんだから」

税務職員ってヤツは恐喝屋だなと、本藤は舌を巻いた。それに国税局の人間は「いや、若いのにたいしたもの。あんたなら何やっても成功しますよ」と持ち上げてくる。ボケと突っ込み両方を揃えて気持ちよく納税という手土産をお持ち帰りしようという魂胆だ。

彼らは犯罪収益だろうと、所得がある以上、税金を払えという論理に立つ。犯罪収益なら、まず被害者に被害額を返すのが筋だろう。が、こいつらにとっては被害の回復より国家の税収の方が大事なのだ……。

本藤は思い出した。〇五年一一月、東京高裁は五菱会ヤミ金の帝王・梶山進、七人衆の一人であるTOグループ松崎敏和、同じくOKグループ奥野博勝の三人に対する控訴審で梶山から五一億円余、松崎から一三億円余、奥野から約三〇億円を組織犯罪処罰法により追徴すると判決した。これらはいずれも香港やスイスに回避されていたカネである。

それはいいのだが、これとは別にヤミ金事件の被害者一三六人は梶山らを相手に損害賠償を請求、日本国内で押収された米ドル札や現金など計三億三六〇〇万円について仮差し押さえを申し立て、東京地裁がこれを認めた。

ところが東京国税局はこの三億円余のうちすでに一億円を差し押さえていた。奥野が所得税を滞納していたからという理由である。

税務署は犯罪で得た汚いカネだろうと、カネはカネだ、違いはないとドライに考え、もともとは被害者のカネである犯罪収益を真っ先にかっさらっていく。

結局、本藤はこの年一度だけ二億円余の所得税を渋谷税務署に払った。もちろん丼勘定の、根拠も何もない税額である。税務署が警察と連動していなかったのが何よりで、二億で済むなら安いものと思ったのだ。

しかし、なぜ渋谷税務署は本藤の寝込みを襲ったのか。よくよく考えてみると、前年、本藤は知り合いの紹介で渋谷のビル一棟を四億円で買っていた。現金一括払いだった。もちろん本藤の名は伏せ、会社名義で買ったのだが、その会社の役員に本藤は名を連ねていた。税務署は役員欄に目を通し、他の役員に聞き取り調査でもしたのか、本藤の名に行き着いたと考えるしかなかった。

これからは会社の役員にもなれないと本藤は感じた。完全犯罪をやり切るためには完全に姿形を抹消しなければならない。じゃないと味を占めた税務署がまたやってくる。二度と税務署には襲撃されたくない。青山のマンションは賃貸だったが、早々に引き払った。住民票は大手広告会社時代から動かしたことはなかったが、またしても動かさなかった。住まいを替え、住所不定を徹底した。が、脱税が悪質になれば、税金を払うだけでは済まず、刑務所送りになるかもしれない。それを避ける手はないか。

知り合いの政治家上がりの弁護士に相談すると、「じゃ、気休めでボランティア団体に寄付でもしますか」と言われた。

まるで効果に確信はなかったが、ユニセフ、セーブ・ザ・チルドレン、日本赤十字社などに総額二億円を寄付した。税務署や警察に「なぜ収入があるのに税金を払わなかった？」と問われれば、これで「税金を払うよりボランティア団体を応援したかったから」

と答えられるってわけか。本藤は皮肉に感じた。おまけに日赤からは賞状まで届けられた。

歌舞伎町五人衆

本藤はグループの頂点に座って、それとなく組織全般に気を配っていればいい立場だった。ヤミ金、システム詐欺の現場には立ち入らない。末端が本藤の顔を知らなくても構わない。むしろ、その方が好都合だ。自分の顔も名も絶対、関係のない第三者に知られてはならない。

本藤はシノギであるヤミ金や特殊詐欺では徹底的に秘密主義を貫いた。だが、私生活、とりわけ金づかいではさほど神経を使うことなく、人目につくことも平然と行った。

おそらく日本の司直が自分の金づかいを取っかかりに、グループのシノギを解明することは不可能と考えていたのだろう。とりあえず手段の善悪は脇に置いて、とにかくそのときカネを使えなければ、カネを稼ぐ意義も必要もないと考えるタイプだった。

当時、「歌舞伎町五人衆」がネットを賑わせていた。いわば巷の噂話であり、歌舞伎町で目立つ男五傑といったランキングである。その筆頭を飾るのはたいてい本藤だった。

彼については「歌舞伎町最大領袖」「日本中の各種金融詐欺を編み出した天下無敵の帝

王」「多くのヤミ金・詐欺グループを抱えるほか風俗、出会い系、広告など幅広い事業を展開」「表社会と裏社会の狭間にて暗躍する若き怪物」「二七歳で三五億円稼いだ」など、真偽不明の情報が飛び交っていた。

本藤が身の回りにカネを使っていたのは事実である。スイス製のコルム（一三年中国海澱集団が買収）、パテック・フィリップ、フランク・ミュラーのヴェガスなど、一通り高級時計を揃えていた。二〇〇〇万円するダイヤモンドつきのハリー・ウィンストンを二本自分で持っていたほか、彼女に四〇〇万円と八〇〇万円の二本を贈ったこともある。自分がプールに行くときでさえ、ロジェ・デュブイを身につけていた。

本藤のグループではエルメスが人気だったが、本藤は成金趣味と嫌って、ルイ・ヴィトンを好んだ。靴からベルト、バッグまでヴィトンで揃え、ヴィトン六本木ヒルズ店では時計を一度に一〇本買うなど、顧客買い上げ二位にランクされたこともある。同店に電話すれば、閉店時間後でも店を開けて待つサービスまで受けていた。

車は高級車ばかり一四台を乗り換えていた。ロールス・ロイス・ファントムはシルバーと白の二台を持っていたし、ベンツの最高級車マイバッハを乗り回し、一三六キロオーバーで免許取消になったこともある。

運転手は、ガーナのボクシング元世界チャンピオンに頼まれ、ジェイクというガーナ人を一年間使っていた。彼にマイバッハを運転させ、夜、歌舞伎町や六本木に乗りつけるのだから、目立つのは当然だろう。

「歌舞伎町五人衆といったって、そういう集まりがあったわけじゃない。誰が一番カネを使って、歌舞伎町にいる自分の彼女を頂点に持って行けるかっていう遊びです」（本藤）

伝説のナンバーワン・キャバ嬢

本藤がそのころつき合っていたのは三条杏（仮名）というキャバクラ勤めの女性だった。彼女は伝説のナンバーワン・キャバ嬢といってよく、美人であるばかりか長身、小顔、スタイル抜群、その上、記憶力や客あしらいも抜きんでていた。一日に指名客一〇人以上という売れっ子である。

「彼女との出会いには鳴り物入りのところがあった。ぼくは前から彼女がナンバーワンと知ってたし、彼女もぼくのことを知ってた。それでぼくが店に行き、つき合い始めた。自分でいうのもなんだけど、ぼくも彼女もそれほど性格が悪い人間じゃない。お互い嫌いじゃなかったし、同棲もしました。一時は結婚するつもりだった。

彼女の誕生日のとき、店に行って一晩で二八〇〇万円使ったことがある。キャッシュ払いです。差し出した札束がレジの上に山盛りになり、記念にというので携帯で撮った、そのときの写真が残ってます。

〇七年の誕生日だったか、朝、アークヒルズから二人でヘリに乗り、ディズニーランドに行ったことがある。七時から八時までだったか、八時から九時までだったか、時間は忘れたけど、一時間だけ二人で貸し切りにした。ヘリを近くに着陸させて早朝のディズニーランドを楽しんだ。彼女は『一生にたった一度のこと』って泣いて喜んでました。

帰りはまたヘリに乗り、池袋に下りた。

これの総費用は三〇〇〇万円だったか、四〇〇〇万円だったか、よく覚えてない。というのはディズニーランド直接（の話）ではなく、中に入った人がいたから、いくぶんガジられたかもしれない。そのころぼくには週に九〇〇〇万円入っていたから、四〇〇〇万円ぐらいはどうってことなかった。

まあ、ぼくが歌舞伎町で一番カネを使った人間であること、彼女が歌舞伎町の女で一番だったことは間違いないでしょう。それぐらい勢いがあったんです」（本藤）

ここまで金銭感覚が違うと、唖然呆然となることを忘れ、むしろ小気味よくさえ感じる。

無数の被害者が爪に火を灯して貯めたカネを、なんてことする、などと怒る気分も消え失せる。現実感覚を失わせる額の大きさというのがあるのかもしれない。

「彼女のお父さんは都市銀行の偉いさんだった。だけど後妻が根性ワルで、まだ小学生だった彼女を外に突き出し、階段のところで飯を食わせたりしたらしい。妹が二人いるけど、二人とも彼女とは血がつながってない。

中学で家出し、高校を中退し、上野のキャバクラで働き始めたのがこの道に入る最初と聞いてます。彼女は父親しか信用してなかった。働いてお金が五〇〇〇万円貯まると、父親のところに持って行き、『これ貯金しといて』と父親に預ける。通帳を一度見せられたことがあるけど、そのときはまだ二九〇〇万円しか貯まってなかった。

彼女と一緒に住むため、青山にセキュリティのいいマンションを借りた。玄関がオートロックで、階ごとにもオートロックがある。だけど、ぼくは朝から動くし、彼女は夜働くし、生活時間帯が合わず、一回離れて暮らそうか、となった。夜、ぼくがマンションにいても帰ってこない。『遅くなっても帰ってこいよ』というんだけど、ああいう商売だから、夜、お客に送ってもらうことがある。でも、青山に送ってもらうわけにいかず、新中野に店の寮があるんだけど、その前で客に『バイバイ』する。寮の自分の部屋に入るとほっとするし、酔いも出る。もう青山に出かける気をなくす。そのまま寮で寝てしまう。ぼくは何回か寮の彼女の部屋に泊まったことがあるし、何日かいたこともある。六畳ぐらいのちゃちな部屋で、ドアもちゃちゃち、ついているカギもちゃちゃちだった。

たまたま三〇〇〇万円持って歩いていたことがあって、朝、彼女の部屋に置き放しにした。彼女が『こんな部屋に置いとくと物騒なんじゃない？』といったけど、『誰もこんな部屋にカネがあるなんて思わないよ』といって仕事に出た。そしたら、そのカネがなくなったと彼女から電話があった。

『お前、男を連れ込んだんじゃないだろうな』一度は疑ったけど、彼女は否定するし、彼女自身も一〇〇〇万円を盗まれたという。

『どこに置いといたんだ？』と聞いたら、布団の中に隠していたって。それじゃな、と思った。自分が置いといても大丈夫といったばかりに彼女も置いた。彼女に悪いこと言ったなという、ちょっと気持ちに引っかかりを感じました。

彼女とはもう一年近く会ってない。ぼくは〇九年から一〇年にかけて入退院を繰り返して、そのときよく自分に尽くしてくれた女性と結婚した。しかし三条杏には陰ながら応援しようという気持ちは持ってます。おそらく彼女もそうだと思います」

本藤はさらっとこういうことを言った。ウソや誇張は混ざっていないと思う。カネがありすぎるのが玉にキズだが、基本は純愛なのかもしれない。

第六章　システム詐欺と暴力団

暴力団より優勢に

○五年七月、山口組は臨時直系組長会で司忍若頭の六代目組長就任と、渡辺芳則五代目組長の引退を発表した。

山口組の組長席はそれまで終身制だった。渡辺組長はクーデターに等しい強引な引き下ろし工作で引退を余儀なくされたが、その出身団体である山健組は引退工作のブレーキ役にはならなかった。

山健組では山口組の組長交代に前後して、それまでの桑田兼吉組長が引退し、次の四代目山健組組長に井上邦雄若頭が就任、同時に山口組の直系組長に引き上げられた。

これにより、本藤が親しくしていた山健組系の組長はさらに山健組の中枢に近づいた。本藤にとってはプラス、マイナス両面を持つ山口組の代替わりだった。

五代目から六代目への移行で山口組内の勢力地図も、それまでの山健組優位から司忍組長と髙山清司若頭の出身団体である弘道会（名古屋）優位へと大きく変わることが予想された。

しかし東京では、それまで続いていた山健組の優位は揺るがなかった。弘道会の在京組織がまだ少なかったこと、山健組系組織が関東の暴力団や半グレ集団と密接な関係を持ち、強く基盤を固めていたことがその理由と見られる。

新宿歌舞伎町では真偽は不明ながら、住吉会の加藤連合・加藤英幸（後に幸平一家一三代目総長、住吉会渉外委員長。一四年総本部長に）が山健組の井上邦雄組長と、道仁会村上一家幹部の浪川政浩（後に九州誠道会二代目会長、一三年浪川睦会会長）と、五分と五分の兄弟盃を交わしているという噂が流れていた。

歌舞伎町で加藤連合は図抜けた勢力を築いていたため、そういう加藤と兄弟分とされる山健組の当代に対しても相応の重さが認められていた。

当時、東京に拠点を持っていた弘道会系列といえば、弘道会の中でも主流である髙山組系の鈴政興業、弘道会直系の吉田総業（厚木が本拠地）、福島連合系の山一組、直系の小松組、中政組（水戸）ぐらいだった。

本藤は弘道会系に限らず、多くの暴力団とトラブルを経験していたが、たいてい本藤優位のまま事を納めることができた。なぜ、カタギの本藤が警察に頼ることなく、暴力団相手に優勢に立てたのか、考えれば不思議な現象である。

本藤が手の内を明かす。

「ぼくはよくシミュレーションするんです。こっちがこう言えば、相手はこう出るだろう。じゃ、最初にこっちがこう切り出せば、相手は受けに困るだろうとか、いろいろ事前にあーでもない、こうでもないと考えておく。

別のヤクザに話を持ち込んで、そのヤクザの力で争いを納めるにしろ、そのヤクザに助けを求めるにしろ、『ぼくが悪いんですけど』というんじゃ、ヤクザの方が対応に困ります。だから、そういう話は最初から持ち込まないし、持ち込めない。そのため最初にそう言わずに済むよう、理屈を立てておく。

『事はこれこれこういうように進行しました。私はこういう理由で自分が悪いとは思ってません。相手とは事を荒立てず、丸く納めた方がいいと思いますか』

これならぼくの相談を受けたヤクザも受け答えできるし、対応もできる。

ぼくは『筋』はそこにあるものじゃなく、新規につくるものと思ってます。乱暴なことをいえばこうです。一対九でぼくが悪かったとしても、

『ぼくは本筋の部分で言ってる。相手は枝葉の部分でイチャモンをつけてる。どっちがいいか悪いか、筋論でいえば明らかじゃないですか』

などとやる。

一度、ヤクザ相手にこれをやってボコられたことがあります。弘道会系福島連合の幹部でしたが、ぼくの上を行く筋論を出してきた。こう言うんです。

『アゴ（口）は便利だな。お前はカタギだろ。喧嘩はヤクザの土俵だろ。掛け合いでお前がヤクザの話をするなら、こっちもヤクザの話で行くぞ。お前みたいなものが掛け合いに入って来るんじゃないよ』

と、ボコボコにやられたわけです」

本藤は暴力団に籍を置かなかったが、暴力団を相手取って一歩も退かなかった。ヤミ金や詐欺はやっても、暴力団的な生き方はしないという自負心があった。一種、誇りとか矜持に通じる気持ちの張りである。

だが、配下の者たちは違った。代目代わりでこれからは弘道会の天下だ、弘道会に入れば大きな顔ができ、楽に暮らせると考えるのか、それともたまたま暴力団の注文に乗って「型に嵌め」られたのか、今さらながらヤクザになる者が少なくなかった。

前に触れたが、本藤グループの幹部は驚くほど高給を食んでいた。大卒新入社員の年収をわずか一時間で稼ぐことも稀ではなかった。たしかにやっていることに疚しさや罪悪感も感じるだろうが、やっているうちに慣れる。相手の顔を見ないで済ます電話商売だけに、ほどなくゲーム感覚で他人を地獄に落とし込み、平然としていられる。

そういう者が多数派なのだ。ありあまるカネに恵まれながらヤクザに入るとは、これ以上の何を望むのか、部外者には理解しにくい。

グループの幹部はほとんど二〇歳を越えている。多くの者が三〇歳前後の年齢になって、暴力団に志願しようとした。

二〇歳過ぎてのヤクザ志願者はたいてい物にならないといわれている。入門が遅すぎて、ヤクザ的な思考や所作が身につかない。ヤクザになったところで、せいぜいそれまでの貯えを親分や兄貴分にガジられるか、居食いして終わりだろう。

「ヤクザには定時といって、一日一回、組事務所から電話がかかってくる。それに出ず、二四時間、組と連絡を取らなければ、それだけで破門されてもしかたがない世界です。酒、女、薬物、好きなことをやっている連中がそれに耐えられるか。私の周りには実際、弘道会などに入った人間が何人かいます。

ぼくはヤクザとつき合ってはいたが、スッカタギです。お前らと一緒にされたくないと面と向かって言ったこともある。もっとも、元うちのグループでヤクザに入った者の半数はもうやめてます」（本藤）

イベサー出身のヤクザ

イベント・サークルの出身者にも暴力団になった者がいた。彼らの多くは大学を卒業しているから、大学出のヤクザというわけだ。今では珍しい存在ではない。

冨田威裕（事件当時二九歳）もイベント・サークルの出身で、本藤の後輩に当たる。冨田は若いころサークル「レジェンド」の代表で、イケイケで通っていた。もともとは住吉会と縁があったが、後年、山口組系宅見組勝心連合の目黒の組織に「ゲソをつけていた」。

冨田は天然パーマで容姿がよく、最初風俗で働いたが、そのうち本藤のグループに入って来て詐欺を始めた。ほどなく冨田は本藤のグループから離れ、〇六年一二月に自ら不動産会社を始めた。

冨田には「ダミー店」の疑惑もあった。つまり本藤のグループ店で働いてノウハウと名簿を盗み、本藤に隠れて別の店を開いたか、他のグループにノウハウを提供したか、疑われたのだ。

〇七年五月三一日、冨田は父親に「出資したカネが焦げ付いている。回収してくる」と言って、篠沢大介（同三六歳）が拠点とする新宿のマンションに出かけた。

篠沢は〇六年二月、自ら社長になってコンサルタント会社を設立した。冨田はそこに誘われ、資本金二〇〇〇万円を出資して取締役になったが、会社の業績は振るわなかった。で、冨田は会社を清算するよう篠沢に提案し、他の出資金と合わせ三五〇〇万円を返すよう求めていた。篠沢はコンサルタント会社とは別に、特殊詐欺グループを率いていた疑惑も持たれている。

この後、冨田は突然、行方不明になる。父親が冨田の捜索願いを出した。冨田は何らかの形で事件に巻き込まれたのではないか。篠沢は事情を聞かれ、当初は「冨田に一六五五万円を渡し、新宿まで車で送っただけだ」と答えていた。

他方、〇七年六月六日、高島平一丁目のワンルームマンションから深夜、台車に旅行バッグを載せ、運ぶ三人の男を見たという目撃証言があった。腐敗臭がひどく、不審を呼んだのだろう。

高島平署が調べると、部屋の借り手である大久保憲義（同二九歳）と名乗る男の行方が知れなかった。現場の部屋からは血液が混ざる腐敗汁や指紋が検出されたが、誰のものか、当初は判明しなかった。

部屋に住む大久保憲義と名乗る男はそれまでに二度偽装の養子縁組を繰り返し、消費者金融に多額の借金があると分かった。そのくせ大久保が取締役になっている会社が一〇社以上、代表取締役になっている会社が七社も見つかった。いずれも資本金は一〇〇〇円に過ぎず、特殊詐欺に使うトバシの携帯を集めるための会社か、銀行口座をつくるための会社かと疑われた。

おそらく大久保と名乗る男は多重債務者という弱みを突かれて、詐欺グループに便利に使われていたものと見られる。

七月二日、新宿区の路上で警視庁第二自動車警邏隊の警官二人が車に乗り込もうとする男に職務質問した。男は須和名聡（同三二歳）という。須和名は職務質問を振りきって車を始動させ、二人の警官をはねた。

直ちに公務執行妨害の現行犯で逮捕された。警官が車内を捜索すると、覚せい剤が出て来た。須和名は覚せい剤取締法違反で再逮捕された。

当然のことながら指紋が採取されたが、須和名の指紋は高島平のワンルームマンションで採取された指紋と一致し、高島平の事件と須和名がここで結びついた。

指紋という物証を突きつけられれば、否定できない。須和名は高島平の部屋から冨田の遺体を群馬の雑木林に運び、穴を掘って埋めたと供述した。

八月二四日、警視庁捜査一課と高島平署は須和名の供述に基づき、雑木林に埋められたスーツケースの中から冨田の死体を発見した。司法解剖の結果、冨田の死因は頸部圧迫による窒息死と判明した。

以後、芋づる式に事件に加わった犯人グループが逮捕されていった。八月三〇日には大久保と名乗る男も逮捕されている。

須和名の供述で逮捕された高科龍軌（同三一歳）は冨田の遺体を捨てたばかりか、冨田を殺害したことも供述した。

つまり犯人グループは冨田が五月三一日に訪ねた新宿のマンションで冨田を殺した。その後、遺体を新宿からいったん高島平のマンションに運び込み、それを六月六日、群馬県吉井町の雑木林に埋めたわけだ。

これで主犯と目された篠沢大介には懲役一八年の刑が言い渡された。共犯者には懲役一三年、一一年などが確定した。

犯人たちはいずれもパチンコ攻略法詐欺や競馬必勝法詐欺など、特殊詐欺に従事していた。問題は被害者の冨田威裕も一時的にしろグループの特殊詐欺に関係していたことだ。冨田は篠沢と同じグループだったのか、それとも篠沢と敵対して、篠沢に食い物にされていたのか。

冨田は本藤のグループに一時所属した元社員に過ぎない。が、イベサーの出身でもあり、系譜的に冨田の兄貴分になる本藤としてはどう対応すべきか、間合いを測るのが難しい事件だった。相手グループは詐欺をやっているらしく、本藤が電話すると、「どちら様ですか」と聞いた。

「どちらもへちまもないよ。うちの人間がお宅の人間に殺されたんだけど」と本藤は切り出し、相手グループを怒鳴り上げ、恫喝し、潰しにかかった。

振り込め詐欺のキング

○七年九月には、「振り込め詐欺のキング」といわれた戸田雅樹（事件当時二九歳）が警視庁など合同捜査本部の手で逮捕された。
この戸田も一時期、本藤の傘の下にいた。

どういう経緯で本藤のグループに入ったのか。

練馬でヤンチャをしていた双子の佐井兄弟の弟、佐井貴彰（兄は宏彰）が○四年頃、本藤を訪ねて来て、こう言った。

「これからオレオレをやるつもりです」

佐井はイベント・サークルで本藤の後輩に当たる男だった。佐井兄弟は練馬に住む中国マフィアの子として知られていた。佐井貴彰にはヤミ金しか経験がないはずだ。

本藤は佐井に聞いた。

「オレオレをやるのはいいが、誰が上なんだ」

佐井貴彰は、

「戸田って人です。昔ヤンチャやってた人で、住吉会幸平一家の幹部が戸田さんの面倒見てます」と言った。

「幸平一家の幹部って誰だ。ぼくもあそこは知らないわけじゃない」

本藤は名前を聞き出し、その幹部に確認した。と、幹部は答えた。

「戸田を知ってることは知ってるよ。ただうちは戸田のケツモチじゃない。ミカジメももらってないし」

本藤は戸田が佐井兄弟の前で虚勢を張ってウソを並べたと知った。それで戸田を呼び出し、「幸平一家云々はどういうことだ」と戸田を詰めた。

戸田は本藤に厳しく詰問され、本藤に屈服した。戸田はヤンチャでさえなく、単なる元野球少年に過ぎなかった。高校時代は長身を生かしてバスケットボールをやっていた。戸田には多分にミーハー的なところがあり、歌舞伎町に事務所を構え、スパムメールを材料に架空請求する詐欺をシノギにしていた。

こういうわけで戸田は本藤に頭が上がらず、本藤に対しては必要以上に気を使ったが、翌〇五年、独立して特殊詐欺を始めた。

戸田グループは振り込め詐欺を開業した〇五年から逮捕されるまでの二年半で一〇グループを組織し、詐取したカネが一九億円、被害者が一〇〇〇人以上というから、戸田が詐欺に辣腕を振るったことは想像に難くない。グループの中に「ティーチャーズグループ」もあった。池袋を中心とする元教師のグループで、好業績を上げていたというから驚く。

戸田は重度の覚せい剤中毒だった。京王線府中駅前の高層マンション一九階に他人名義で部屋を借り、そこにキャバ嬢の愛人と籠もって、覚せい剤を打ち続けていた。

知人が訪ねると、部屋には詐欺グループから届けられた、詐取した札束がむき出しで放り出され、覚せい剤も一〇〇グラム単位で無造作に置かれていた。

知人はさすがに呆れ、「これ全部戸田さんが使うの？　それともよそに流すの？」と聞くと、戸田は「全部俺らで使ったら、死んじまう。半分以上はよそに流すんだ」と答えた。

覚せい剤を自己使用するならともかく、売買に手を出すようじゃ、もうダメだなと知人は思ったという。

事実、戸田が逮捕されるきっかけは覚せい剤の売買だった。警視庁の捜査員が戸田の部屋に踏み込むと、部屋からは覚せい剤の大袋のほか、二億四〇〇〇万円もの現金が見つかった。このカネは何か、覚せい剤じゃ多すぎる、振り込め詐欺じゃないかと、警視庁の捜査官は庁内で情報をつき合わせ、合同捜査本部による逮捕となった。

同時に逮捕された佐井宏彰のトランクルームからは一億一〇〇〇万円、「掛け子」役をやっていた早大生の自宅からは二〇〇〇万円、戸田宅の分と合わせ、総額三億八〇〇〇万円の現金が押収された。

戸田は主要なジョブごとにグループを班分けしていた。具体的には、出会い系サイトやアダルトサイトの未納金があるといった架空請求詐欺、息子が痴漢などわいせつ事件を起こし、示談金を払わなければならないといったオレオレ詐欺など、約一〇の班を動かし、それぞれが詐取した金額の四〇％を自分のマンションに運ばせていた。

戸田のやり方は班ごとに責任者を置き、詐取金額を競わせて成績により歩合を出し、報酬に上乗せして支給する方式だった。

高度に組織化された職業的詐欺

一〇年三月二四日、東京地裁の判決公判では、「子を思う親心を利用するなど卑劣極まりない」犯行、「振り込め詐欺集団を主宰し、主導的で重要な役割を果たした責任はきわめて重大」、「高度に組織化され職業的に詐欺を繰り返した。同種事案に比べ規模は相当大きい」などと判定し、戸田に懲役二〇年を言い渡した。

戸田に対しては被害者約一〇〇人が東京地裁に損害賠償請求訴訟を起こし、うち三四人分計一億七〇〇〇万円の支払いを命じる判決が出た。戸田が詐取したカネのうち、消費していなかった分が、押収された三億八〇〇〇万円だった。戸田は刑を軽くしたい気持ちも働き、押収分からか、それ以外の貯えから出金したのか、出所は不明だが、とにかく賠償に応じている。

一〇年一二月一六日、東京高裁は戸田の控訴審判決公判で、戸田の刑を懲役一八年に減刑した。

「一審判決後に被告は反省懺悔の念をさらに深めているほか、賠償が行われたことなども、新たな事情として有利に評価するのが相当」と減刑したわけだ。戸田の右腕だった佐井宏彰に対しては一審で懲役一〇年が言い渡された。

こうして本藤に縁があった戸田雅樹は天国から地獄に落ちた。特殊詐欺ではなく、覚せい剤が戸田のために地獄の釜のフタを開けたわけだ。

しかし、本藤は戸田の事件を決して他人ごとには見られなかった。いつ自分の身に同じような災厄が降りかかっても不思議はなかった。本藤が戸田と違う点は覚せい剤に限らず、あらゆる薬物を摂取しないこと、前夜がどんな状態であっても、朝八時半には出社し、任務をこなすこと……だけだった。

吹けば飛ぶような優位点だ、と本藤自身が感じた。そうとう用心しなければ、俺も戸田と同じ境遇に落ちる……。

本藤の周りではなおも事件が続いた。

グループ店舗の平店員に池田容之《ひろゆき》（判決当時三二歳）がいた。一回ぐらい本藤は池田も誘って飲んだ記憶がある。かすかに池田のことは覚えていた。

池田は一年ちょっとぐらい在籍したが、カネに執着心がある男で、振り込め詐欺をやっていた。茶髪でロン毛、垂れ目で受け口っぽい顔の男だった。目上の者に対して、やたら「ご苦労さんです」と頭を下げていた。元稲川会系の組員だと本藤は聞いていた。しかしおとなしい感じで、決して大それたことをやれる人間ではないと、事件を知った後も本藤は思っていた。

池田は一九七八年兵庫県生まれ。五歳のとき銀行員だった父親の転勤で横浜に移った。中学では生徒会の会長をつとめた。横浜の私立高校を卒業し、造船所や車両工場などを転々とし、二二歳で結婚したが、数年後に離婚、子供は妻に託したが、月一〇万円の養育費はきちんと送っていた。その後、水道工事会社や先物取引会社、ホストクラブのホストや出会い系サイトなどを転々とした。

〇四年ごろ稲川会系の組員になって一年ほどで脱退、その後山口組系の組に移った。この移籍の前後に本藤の詐欺グループに入っている。が、何が理由だったのか、一年あまりで辞め、事件直前には都内の岩盤浴店の店長として、月収手取り約二三万円で生活していた。

池田の転落は近藤剛郎（判決当時二六歳）と知り合ったことだった。近藤は池田より年下ながら、池田のボスになった。近藤は億に近いカネを用意して覚せい剤の密輸入を企み、またかつて経営権を持っていた新宿の麻雀店を取り戻そうとしていた。

池田は知り合ったばかりの近藤に指示され、日本の犯罪史上にも稀な、身の毛がよだつような事件を惹き起こした。

〇九年二月、池田は近藤の指令に従い、覚せい剤を日本に運び込もうとした。まず厚木市に住むGTに、シンガポールで覚せい剤九四二グラム（末端価格は約一億円）を受け取り、韓国・仁川空港経由で福島空港に持ち込むよう指示した。だが、税関職員が手荷物検査で覚せい剤を発見し、GTを逮捕した。失敗である。

次いで同年六月、人を介して札幌市のIKと岩見沢市のTSに、ベトナムで覚せい剤約六・七キログラム（末端価格六億七〇〇〇万円）を受け取り、二重底にしたスーツケース二個に隠して、韓国経由で新千歳空港に運ぶよう指示した。が、これも税関職員の手で発見・押収され、IKとTSの二人は逮捕された。続けてまた失敗である。

空港で逮捕された運び屋たちから池田の名が出るのは必然だったが、池田は別の事件を併行して手掛けることになった。

新宿歌舞伎町「もえはうす」

新宿歌舞伎町に麻雀店「もえはうす」があった。名目上の経営者はプロ雀士で歌舞伎町の大手キャバクラ「P」のキャバ嬢・園城寺萌（仮名）だったが、実質的な経営者は近藤剛郎だった。

本藤が当時の情況を見取り図的に解説する。

「『もえはうす』は園城寺萌が看板の雀荘だった。うちの幹部もキャバクラ『P』や『もえはうす』にはよく出入りしていた。キング戸田雅樹（前出）グループの幹部も一時期、園城寺萌とつき合っていたと記憶している。『もえはうす』は雀荘でありながら、実態は覚せい剤密輸のハブだったと思う。ヤクザの組員が何人も常連で屯していた。園城寺も一度覚せい剤で捕まったことがあるし、『もえはうす』と覚せい剤は密接につながっていた」

○八年一〇月ころから近藤剛郎は港区のＩＲと共同で「もえはうす」を経営していたが、○九年三月ころから世田谷区の麻雀店経営者ＭＤ（事件当時二八歳）、大和市の会社員ＴＪ（同三六歳）に経営権を握られた。

ＩＲは知り合いのコンサルタント業者に店の出資金を取り戻したいと相談を持ち掛け、コンサルタント業者は滋賀県東近江市に住む無職、南部宇宙《たかおき》に五月上旬、カネになる仕事がある、計画に参加しないかと持ち掛けた。

同年四月、近藤剛郎は池田容之にこう洩らした。

「麻雀店をＭＤ、ＴＪの二人に乗っ取られ、覚せい剤密輸組織のカネも横取りされた。許せない」

五月、近藤は会社員ＴＪから覚せい剤密輸の件を警察に通報すると言われ、ＴＪの殺害を計画した。六月に池田に「人を殺せる人間」を探すよう依頼したが、池田は「俺がやります」と自ら「人を殺せる人間」であると売り込んだ。この殺しを成功させ、近藤の信用を得て、自分も覚せい剤密売の利権に与ろうと考えたのだ。

池田は一九六〇年代後半のニューヨークを舞台に実在の麻薬王を描いた米映画『アメリカン・ギャングスター』（〇八年公開）に影響され、東南アジアからヘロインを大量に密輸する主人公に憧れていたと述べている。

近藤は池田に、経営権を奪った麻雀店経営者ＭＤや会社員ＴＪを殺すよう依頼した。

同年六月一八日午後九時ごろ、南部宇宙は地元の後輩ら四人を動かし、都内でＭＤをレンタカーに乗せ、千葉県船橋のホテルに連れ込んだ。

翌一九日早朝、会社員ＴＪもホテルに呼び出した。後から共同出資者のＩＲ、池田容之も加わり、ＭＤとＴＪの手足を縛って監禁し、ＭＤを脅し、ＭＤと同棲していた女性にＭＤの自宅から現金一三〇〇万円余を持って来させ、それを奪った。

同日、池田が近藤に電話したところ、近藤は「二人とも殺ってください」と言った。それで池田はホテルの室内で二人の殺しにかかった。このとき室内に加害者として詰めていたのは池田と南部の二人、被害者側はMD、TJの二人だった。

池田は覚せい剤の密輸事件で逮捕された際、この船橋での二人殺害について自供する。池田と南部は逮捕後、事件の詳細を供述した。池田や南部の自供に基づき、検察側は裁判員裁判で犯行の模様を大意、次のように描写した。

以下、神経が繊細な人はこの後数ページを飛ばし、次章から読んでほしい。

TJはごろごろ動いたり、手が痛いとぼやいたり、言うことを聞かない。池田はチェックアウトの一〇時までに時間がないので、まずTJから殺すことにした。

七時ごろ南部に「もう殺っちゃいますわ」と言った。南部は黙っていた。事前に池田から「俺を止めるヤツも殺す」と聞かされていたから、池田が怖くて止められなかったという。

池田は手袋を両手にはめ、ナイフを持った。TJに「お前はもういいから風呂場へ行け」といって両腕を持って立ち上がらせた。浴室に行き、浴槽に入れようとTJの右の肘上を切り付けた。

ＴＪはガッカリした様子で「ああ、ダメなんだ」とつぶやいた。池田は「いいから、中に入れ」と言った。ＴＪが浴槽に入ると、座るようにＴＪの太ももを切り付けた。ＴＪは浴槽に座り、「殺さないで、勘弁して」と命乞いをした。「それはできない。諦めて往生してくれ」と言って、手首を二回切った。ナイフが骨に当たる感触があった。池田自身は手首を切れば血が出て死ぬだろうと思っていた。今、思えば首や腕を刺すことに躊躇いがあったのかもしれない。池田にしろ人を殺すのは初めてだった。

血は勢いよくは出ず、じわじわ血があふれ出す感じだった。池田は心臓が破裂するくらいパクパクし、できるなら逃げ出してしまいたいというのが正直な気持ちだった。だが、ここまで来てはもう後戻り出来ない、と気持ちを奮い立たせ、ＴＪの手首を切った。

待てば死ぬと思って、洗面所でタバコを吸い、「おーい、ＴＪ、死んだか」と聞いたら「まだです」と答え、左から右に揺れながら移動し、浴槽内で向きを変えた。なかなか死なないので首を切ろうと思い、右からのど仏に向かい切り付けたが、血は出なかった。刺すしかないと思い、後頭部を摑んで、首を二回突き刺した。ナイフの半分くらい刺さった。血が吹き出るかと思ったが、ダラーッと出るだけ。ＴＪはすうっと血の気が引くように白くなっていった。「あー、ふー」と弱々しい声を出していた。浴槽の底が血で真っ赤になり、血が固まって浴槽が詰まるのでは、とお湯を流した。そしてＴＪの顔にシャワーを掛けたが、ぴくりともしなかった。湯を溜めると、浴槽は血で真っ赤に染まっていた。

「電動ノコギリは嫌です！」

池田はＴＪを殺した後、南部に「今、何時ですか」と聞いた。南部はそれまでソファに座り、黙っていたが、七時半ぐらいと答えた。

池田は雀荘経営者ＭＤに顔を向けて、

「もうカネを集められねえのか、お前も死ぬぞ」

と言った。

ＭＤは答えた。

「もう集められない」

「じゃあ死ぬしかないな、来い」と池田は言った。

ＭＤは叫んだ。

「風呂場はやめて下さい、密室は怖いです！」

池田「安心しろ、溺死なんて甘ったれた殺し方されるとでも思ってるのか」

ＭＤ「電動ノコギリは嫌です、せめて殺してからにして下さい！」
池田「勇気あるなあ、ヤクザだっけお前？　望み通りギロチンにしてやるよ」
ＭＤ「ごめんなさい、ごめんなさい！　せめて母親と妻に一言だけ電話させて下さい！」
池田「泣くなよ、お前、アッハッハ。俺も上には逆らえないからよ」

池田はＴＪの殺害に時間がかかったので、死体をバラバラにする時間がなくなる、ＭＤは電動ノコギリで首を切って殺そうと思った。ノコギリはチェーンソーではなく、大工が使うような台に固定された電動ノコギリである。洗い場に電動ノコギリを置き、ＭＤに「横になって首を載せろ」と命じた。ＭＤは「助けて、殺さないで」と命乞いをした。

「ダメだ。諦めろ」

ＭＤはもう助からないと悟ったのだろう。

「ナイフで刺すか、首を締めて、先に殺してから切って下さい。これは怖すぎる」

「いいから、早く頭を載せろ」

池田はハンドルを握り、スイッチを押してノコギリ歯を回転させた。ハンドルを下げると、ＭＤは首をすくめ、左肩を上げたので歯が当たり、血が出た。

「動いちゃダメだろ、それじゃあ切れねえじゃねえか」

「怖すぎます。やめて下さい」

「ダメだ。ここまで来て止められねえよ。心の準備をしておけ」

池田は一度浴室から出てタバコを吸った。

「準備できたか」

「歯の方を向いた方がいいですか、後ろを向いた方がいいですか」

池田は前からの方が楽に死ねると思った。

「そりゃ前の方だろう。後ろからだと痛いぞ」

ＭＤは言われた通り、歯の方を向いて寝転んだ。

「おとなしく往生してくれよ」

池田は言いながら、右膝でＭＤの脇腹を押さえ、歯を首に当てて切っていった。歯が食い込むと、勢いでアゴがガタガタ震えだし、歯に当たりそうになったので額を押さえてアゴを上げさせた。ずらしながら右から左まで前半分を切ったが、骨には届かなかった。ＭＤは暴れず、おとなしくしていた。ＭＤの叫び声を聞いた記憶もない。池田は切っている部分を見ていた。血も見えていたが、とにかく切るのに一所懸命で、気持ち悪いという感じはなかった。

ＭＤの体がごろっと転がり、仰向けになった。首の前半分がぱっくり割れ、頭部と胴体に気管が切断されているのが見え、胴体の方からゼーハー、ゼーハーと呼吸音が聞こえ、ぴくぴく動いていた。

池田はその様子を見て、気管が切れても呼吸するのか、それなら後ろから切った方がＭＤにとっては楽だったか、悪いことをしたなと思った。

三〇秒から一分たつとＭＤの呼吸が止まった。

池田は二人の四肢などを切断し、バラバラにしてからゴミ袋に放り込み、車の後部に積み込んだ。車内から近藤に電話し、「二人ともきっちり殺りました。バラバラになって後ろに乗っています。今から引き渡しますんで」と報告した。

近藤は「お疲れ様でした」と言った。二人の遺体は横浜市金沢区の海や山梨県鳴沢村富士山五合目付近の山林に遺棄した。

国際指名手配された近藤

〇九年六月二四日、横浜市金沢区の岸壁で男性の遺体の下半身部分が見つかった。翌日にはさらに男性の頭部や複数の手足が見つかった。神奈川県警は発見された部位から少なくとも二人の遺体が切断されて遺棄されたと見て捜査を始めた。

その後、神奈川県警は強盗殺人、死体遺棄などの容疑で八人を逮捕し、海外に高飛びした近藤を全国指名手配した。

近藤はタイに逃亡したとされ、〇九年一二月インターポール（国際刑事警察機構）に国際指名手配された。

近藤は早稲田大学法学部に在籍していたが、〇八年九月に除籍になった。元東洋大ボクシング部員と組み、携帯電話サイトの「闇の職業安定所」で運び役を募集し、マレーシアから覚せい剤九九二グラムを関西空港から持ち込もうとしたこともある（失敗）。

池田は〇九年末、起訴された直後から「自分は死刑、弁護は必要ない」と言い張っていた。逮捕された直後から死刑を覚悟し、事件の全容を包み隠さず明らかにしようと心に決めていたのだ。

法廷では「逮捕された直後は死んで償えばいいと思っていた。法廷で遺族の生の声を聞いて、事件を後悔するきっかけになった」「望んで死刑になってはいけない。死ぬのは怖いが、そうでなければ刑を受ける意味がない」

と、とつとつと語った。

横浜地裁での裁判員裁判は一〇年一一月一日に始まった。六日間の公判と三日間の評議の末、一〇年一一月一六日、池田に対し「犯行はあまりに残虐で、非人間的であり、極刑はやむを得ない」と求刑通り死刑を判決した。

池田は裁判長が主文を告げると、有り難うございましたと法壇に向かって一礼し、遺族も座る傍聴席を振り返って「申し訳ございませんでした」と謝罪した。

裁判長は池田に対し「重大な判決になったので、裁判所としては控訴することを勧めたい」と述べた。池田は〇九年七月、福島の覚せい剤密輸事件で逮捕された際、移送される車の中で警察官に二人の殺害事件について自ら話し出した。

「(遺棄した二人が)夢に出てくる」と語り、関与を認める上申書を書いたことが事件発覚のきっかけになったことを考慮した言葉と思われる。

その後池田の弁護人が控訴したが、一一年六月、池田本人が控訴を取り下げたため、死刑判決が確定した。池田は現在東京拘置所に収監されている。

一一年一月二七日、横浜地裁は南部宇宙に対し求刑が懲役一五年のところ、懲役一二年を言い渡した。事件の主犯である近藤剛郎はまだ逃亡を続け、逮捕されていない。

池田はそれまで一面識もなかったＴＪとＭＤの二人を残虐無惨な殺し方で殺したが、事件後に深く反省し、自ら死刑が相当と決めた。

　これに対し近藤は自ら誘拐や殺人に関わることなく、遠隔操作で池田らに殺しを強行させた。米国内の基地にあってコンピュータで無人機を操縦し、アフガニスタンの無辜の市民を爆撃し、機銃掃射する米軍兵士のように、罪科の気持ちは何一つ持たないにちがいない。

　だが、とはいえ、本藤の配下には荒々しい血を体内にめぐらせ、殺しさえためらわない者が少なからずいた。本藤はグループの業務としては、こうした者たちの血と暴力を利用しようとはしなかった。元配下たちの犯行や被害はすべてグループを辞めてから発現したものである。それが本藤にとっては多少、救いになったはずである。

第七章　思いついたイラク・ディナール詐欺

円に両替できない通貨

いつまでもカネ置き部屋に札束を積んではおけない。いくらセキュリティがしっかりしたマンションでも、下の階から火事でも起こされれば文字通り灰だし、空き巣狙いや不良中国人のピッキング盗、サムターン回しなど、心配のタネは数え上げればきりがないほどだ。

本藤は溜め込んだ資金を海外に逃避させることを考え始めた。五菱会の梶山進はヤミ金で詐取したカネを香港、スイス、ラスヴェガスに隠したが、ほとんど外国政府と日本政府に没収され、山分けにされた。

梶山七人衆の一人である松崎敏和、奥野博勝が香港からシンガポールに送り、また香港に送り返された四三億円はどう処置されたか知らなかったが、隠し所が判明した以上、マネーロンダリングとしては失敗だろう。

梶山たちは無記名で買えたワリコーやワリチョーなど割引金融債（ワリサイ）を利用できたが、〇二年六月以降、一万円以上の割引金融債の購入には身分証明書が必要になった。もはや匿名で多額のカネを海外に持ち出そうとする場合、ワリサイは使えなくなった。

どうすべきか。身近に外国人がいることはいたが、マネーロンダリングに使えるような人材はいない。

本藤は持てる者の悩みを抱えることになった。冨田威裕が殺された事件、戸田雅樹が逮捕された事件、自分を囲む水かさがひたひたと増していく気がした。なんとかしないとカネを抱えたまま溺れ死んでしまう。

カネの海外持ち出しと外国銀行への積立を研究しなければならない。どこまで預金者の匿名を守ってくれるか怪しくなって来たが、まだスイスの銀行は使えるかもしれない。ケイマン諸島に会社をつくっておくのも、日本政府の徴税から逃れる方法としては有力かもしれない。

本藤は〇六年ごろから好んで海外に遊びに出るようになった。

中東屈指の金融センターであるドバイに行ったときである。イラクでディナール紙幣が使われていることを知った。〇四年に新札に切り替えられたばかりで、イギリスで刷られ、偽造防止策が施された見栄えのする紙幣だった。

最高の額面が二万五〇〇〇ディナール。日本円で二〇〇〇円ほどの価値だった。七〇年代には一ディナール＝三・三八ドルに相当したが、本藤が行ったときには一ドル＝一〇〇

○ディナールに下落していた。

本藤は現地で日本円をディナールに両替し、全部は使い切れずに一部を日本に持ち帰ったが、どこの銀行に持ち込んでもディナールを再び日本円に両替することはできなかった。ディナール札はカネとして使えないから、日本では単に紙のオモチャでしかない。

イラク戦争は米軍が○三年三月、イラクに侵攻したことで始まったが、当時は正規軍同士の戦闘が終了し、米軍はイラクの治安改善を目的に戦闘を続けているだけだった。

本藤は思った。米軍が完全撤退すれば（実際には一一年一二月に完全撤収）、イラク経済が復興して昔のように一ディナール＝三・三八ドルに相当する時代に戻るのではないか。そうなれば二万五〇〇〇ディナール札一枚が八五〇万円ぐらいになる――。

本藤は転んでもただは起きない。これだ、と膝を叩いた。これは詐欺に使える……。

なぜならディナールという正規の通貨は日本で知られていない。取引されてもいない。これを売るために、どのようなセールストークをしようと破綻せずに済む。ディナールには価値が高かった歴史がある。これから購入する者に幻想を抱かせるに足りる通貨ではないか。

ディナールは外国政府の公的な通貨だから、その売買は違法ではなく、売り付けても詐欺にならずにすむかもしれない。

ディナール紙幣は立派な外観をしているから、それだけで商品価値がある。新たに刷り起こす手間も経費も要らない。

ディナール紙幣が必要なら、いくらでもイラクやドバイで安価に入手できる。入手が面倒なだけだが、それがかえって日本での希少性を保ってくれる。

こうして本藤のグループでディナールの販売が始まった。資金の海外逃避を考えながら、何のことはない、また新手の詐欺ネタを日本に持ち帰ったのだ。ドバイで日本円をディナールに両替すれば、本藤の意図するマネーロンダリングに少しは役だったかもしれない。が、それを日本に持ち帰って販売すれば、また日本円に両替したのと同じであり、マネロンという目的からは外れてしまう。

本藤が語る。

「ディナール詐欺はバカ受けしました。自分の持ち金をもっと増やしたいという欲の皮の突っ張った小金持ちたちが争って買ってくれた。

なにしろディナール詐欺はうちが始めたことなんで、最初はうちしか取り扱ってない。当然、先行者利益はうちのものです。後から暴力団系の詐欺集団が『うちもやりたい、ディナールを分けてくれないか』と恥を忍んで頼んで来た。『どうぞ、どうぞ』って気持ちよく分けてやりましたけど、こっちの仕込み値の倍の値で売りました」

詐欺師業界でブームに

本藤のグループではディナールがいくらあっても足りなくなった。最初は何人かに日本円を持たせてドバイに行かせ、ディナールに交換して日本に持ち込ませていたが、そんなことではとうてい追いつかない。

それで本藤は両替業務について調べた。一九九八年に外為法が改正され、両替商は自由に営めるようになったが、そのかわり月に一〇〇万円を越える両替業者は財務省への事後報告が必要と分かった。面倒そうだし、月々の報告は足がつく原因になりそうだ。

結局、第二種金融商品取引業の登録をすることにした。暴力団員、もしくは暴力団と密接な関係を持つ者は欠格になるが、本藤はインチキ会社をでっち上げることに関しては得意中の得意だ。ヤミ金で押さえた利用者の身分証明書コピーを利用し、たとえ露見してもグループ本体に影響しない陣容を整え、設立した。必要な登録料はわずか一五万円。これで一回に五〇〇〇万円、年二回の交換が可能になった。

本藤のグループは二〇一〇年までディナール詐欺を手掛けたが、それまでに少なくとも計一〇億円分はイラク・ディナールに交換し、詐欺の材料に使った。もちろんこれには他グループに卸した分も含まれている。

ディナール詐欺は詐欺師の業界でブームになり、大流行した。他の詐欺集団が競って商材にするべくディナールを求めた。

消費者庁は今なおホームページで「イラクディナールの取引に要注意」として、次のように注意を呼び掛けている。どうディナール詐欺が行われていたか（いるか）、実例を知るのに便利なので引用しておこう。

〈主な事例〉

○「必ず儲かる」「いつでも両替可能」と説明されたが、両替を断られた

（事例1）業者から電話で「ディナールの貨幣価値は上がる」「いま円をイラク通貨のディナールに両替しておけば、必ず儲かる」などと、ディナールの購入を勧められ、「希望すれば、すぐにディナールを円に両替する」と言われたこともあり、契約をした。その後、お金が必要になったので「円に両替してほしい」と業者に申し出たところ、「今は出来な

い」と断られた。
○見知らぬ業者から（ディナールを）買い取ると電話を受け、（ディナールを）購入したが実行されない「劇場型」のトラブル
（事例2）A社から「イラクの通貨ディナールを持っていないか」との電話が何度かあり、その一週間ぐらい後にB社からディナールに関するダイレクトメールが届き、その中には「手軽にハイリターンが期待できる」などと記載があった。その後もA社から「ダイレクトメールがあるはず。買値の四〇倍で買い取る」と連絡があったので、信用して転売しようと思い、（買い取り）契約した。約2週間後にB社に（代金を）振り込み（ディナールを買った）が、A社は現れず、結局、（ディナールの）買い取りは実行されなかった。

（ご注意）

この事例については、
○「イラクディナール」については現在、一般に日本の銀行では取扱が行われていないため、国内の銀行で円に両替することは困難である
○「絶対に儲かる」など、将来の為替の価値について断定するかのようなセールストークをしている

〇輸入貨物の課税価格の計算に用いられる外国為替相場を用いて計算すると、平成二二年（二〇一〇年）六月二四日時点で、二万五〇〇〇イラクディナールは約二〇〇〇円となるが、相談事例の中には、一〇万円で購入したというケースも見られる（相場の五〇倍）
〇業者の勧誘前後に別の業者が「持っていれば高値で買い取る」と煽って購入させるなど、最近の未公開株トラブルと同じ「劇場型」の手口も見られる

といった問題点が考えられます。

「イラクディナール」の取引については、慎重に対応しましょう。

また高齢者をねらった勧誘が多いので、家族や近所など周囲の人も日頃から気を付けましょう。また、過去に未公開株を購入した消費者を勧誘するケースも見られるので、過去に投資トラブルにあった人は特に注意しましょう〉

詐欺の原則は「かぶせ」

本藤に限らず詐欺師グループの基本的手法に「かぶせ」がある。一度詐欺に引っ掛けた者を二度、三度と引っ掛けることである。被害者側からいえば、一度詐欺に引っかかった者は呆れるほど何度も詐欺の被害者になる。

なぜなのか。被害者がそれまでに受けた損を、新たな儲け話で取り戻そうとするからだろう。

九四年に大学を二年で中退して以来、一貫して詐欺師人生を歩み、とりわけ未公開株詐欺を得意とする野瀬浩一（仮名、四一歳）は次のように解説する。

「ノーベル経済学賞を受賞したダニエル・カーネマンが唱えたプロスペクト理論というのがある。これは、人は損を諦めて、損キリすれば、新たな損をかぶらずに済むのに、損を回復してプラマイゼロにしたい欲求が強いという理論と考えればいい。

つまり損した一〇〇万円は新たに儲ける一〇〇万円より重い。これがあるから、われわれに骨の髄までしゃぶられるわけ。われわれは一人の被害者に『かぶせ』をやって、徹底的に一人をしゃぶり尽くす。それがもっとも確実な詐欺の方法だからです」

この理論の元となった実験はこうである。

〈あなたは二〇〇万円の借金を抱えているとする。次の場合、どちらを選ぶか。

①無条件で借金が一〇〇万円減額され、借金総額が一〇〇万円になる。

②コインを投げ、表が出たら借金の支払いが全額免除されるが、裏が出たら、借金総額は変わらない〉

堅実な選択をする人であっても、多くはギャンブル性が高い②を選ぶことが確かめられている。つまり人は利益を目の前にすると、利益が手に入らないリスクを回避したがる。損失を目の前にすると、損失そのものを回避しようとして結果的に新たな損失をかぶる。

本藤もこう言っている。

「詐欺の原則は『かぶせ』です。名簿屋からさまざまなリストを購入するわけですが、騙されるような人間に片っ端から電話を掛けるのではなく、一度何かの詐欺に引っかかった人間を何度も狙う。騙されるヤツは何度でも騙されるし、なによりカネがある。三〇〇万円振り込むということは、三〇〇万円は貯金があるということです。この残りを根こそぎ搾り取った方が効率的なわけです」

話を聞いていると、人が詐欺師に出会って騙されないで済ますのはそれ自体、大変なことという気がしてくる。過去、騙されて大変な目に遭った人は一度あったことは二度あり、三度あると、よくよく注意しなければなるまい。

「確実に儲かります。過去の損失を取り戻しましょうよ」という電話は、ほぼ百パーセント悪魔のささやきと思った方がよさそうだ。

〇九年、本藤は勝ちに乗った咎めか、とんでもない災厄をこうむった。もともとはカネの貸し借りが原因の事件だった。

本藤は頼まれて、地つきの広域暴力団系の組長にカネを貸していた。水商売上がりの組長で、いわゆる「代紋貸し」だった（代紋貸しとは本来ヤクザがヤクザに貸す。利息は通常一〇日で一割）。

その者に貸す義理はないのだが、その者が所属する組とはいい関係でいたい。それで貸したのだが、その者が組を破門になった。破門になった以上、その者に貸しておく義理はない。当然「カネを返してくれ」と返済を迫った。

「いや、申し訳ない」と、借り手の元組長は頭を下げ、こう言い訳を言った。

「カネは新宿に巣くう外国人から薬物を仕入れるために借りた。外国人にカネを渡したのだが、外国人から薬物が入ってこない。薬物を転売して儲ける計画だったが、これで頓挫してしまった。返したいのは山々だが、今は返せない状態だ」

本藤は言った。

「金貸しがカネを回収できないようでは話にならない。その話はほんとなんだな。だったら、その外国人を連れてこい。俺が直接、ヤツから話を聞く」

本藤は外国人というのはナイジェリア人か何かだろうと思っていた。ところが借り手の元組長が百人町の飲食店に呼び出したのは、まだ来日間もないような韓国人だった。日本語がろくに通じない。

本藤は焦れて、

「お前と元組長で進めていた取引がうまく行かないんなら、元組長がお前に渡したカネはいったん返すのが筋だろう。返せ」

と迫った。焦れていたから、語気も鋭くなったのだろう。

この韓国人は喧嘩を売られたと錯覚したのか、やにわに二二口径の改造拳銃を取り出し、本藤の足もと目がけ、四発ほど連射した。うち一発が本藤の右足首に命中した。威力が弱いから弾丸は貫通せず、足首の中に留まった。

ちゃちな改造銃だが、銃創は銃創である。ふつうなら警察が動き、事件になるところだったが、本藤は知り合いの医院に頼み、銃創であることを伏せてもらった。本藤の足首からはいびつに変形した銃弾が摘出された。

本藤は被害届けを出さず、原因になった元組長と、彼が所属していた組と話をつけた。

「もう潮時かな」

だが、足首の銃創は単に皮膚が張ってくれれば完治とはならなかった。足首に入った銃弾は骨に当たってから向きを変え、跳ね回って足首中の血管をズタズタに切り裂いた。足首には毛細血管が密集している。それが力を合わせ、足の末端に届いた血流を脚の付け根まで押し上げ、心臓に送り返さなければならない。

足首の毛細血管はいわばポンプのような役割を果たしているのだが、銃弾のためズタズタにされて、血流を上に押し上げることができなくなった。そのために栄養が回らず、血液を介した代謝もうまく機能しなくなった。顔色が青ざめ、酒を飲むと苦しくなった。胆石がたまり、胆嚢を取った。胆管炎になり、胆管にステントを入れた。肝臓も一部切除することになった。

銃創の事後手術を何度も繰り返し、〇九年から一〇年にかけて入退院を繰り返した。しぜんグループの仕事内容に目を光らせることもおろそかになった。グループ内部の情報もぼろぼろ外に漏れ始めた。

もう潮時かなと本藤は感じた。やめ時を間違えると一生悔いを残してしまう。数回に及ぶ手術が成功して、ようやく体が安定した二〇一〇年、本藤は久しぶりに執務室に顔を出し、幹部に伝えた。

「俺は辞めると決めた。あんたたちはどうする。俺と一緒にやめてもいいし、この商売を続けたい者は続けてもいい。強制はしない。あんたたちは将来のこともじっくり考え、一人一人がやめるか、続けるか、結論を出してもらいたい」

こうしてイベサー社会の頂点を極め、裏社会の頂点も極めた本藤は若くして裏社会を引退し、向かう航路をそれまでとはぐっと変えようとした。

詐欺師が詐欺商売から足を洗うのは、ほとんどの場合、逮捕をきっかけとしている。仲間が次々逮捕されて身近に逮捕されそうな危機を迎えたとき、あるいは実際に自分が逮捕されて、初めて詐欺商売から訣別する。

本藤の場合はこれとは違う。身近に逮捕されそうな危険は迫っていなかった。単に自分のグループ支配にガタが来ているなと感じただけにすぎない。

ダイヤルQ2で荒稼ぎ

前にプロスペクト理論のところで少し登場願った詐欺師・野瀬も詐欺から足を洗おうと思っている。

野瀬は東京の生まれ育ちで、高校時代から新宿・歌舞伎町で遊んでいた。ゲーム店や風俗店に出入りし、一浪して私立大学に進んだ。だが、勉強より歌舞伎町の方が面白く、二年のとき学費未納で大学を除籍になった。

除籍後も歌舞伎町をうろつき、ディスコやポーカーゲーム店で遊んで、一回り上、二回り上の年長者と親しくしていた。

中にOという羽振りのいい中年の男がいた。Oは「うちの仕事手伝ってよ」と野瀬に言った。ダイヤルQ2によるアダルト情報提供業者だった。

ダイヤルQ2は、業者が提供する有料情報の料金を、NTTが電話料金と一緒に利用者から回収するサービスだった。九〇年にダイヤルQ2が開始されている（二〇一四年二月にサービス終了）。課金料金の上限は三分三〇〇円だったが、業者にとってのメリットは、なによりNTTが情報料金を利用者から回収し、業者に振り込んでくれることだった。絶対、利用料の取りはぐれがない。

有料の情報サービスとはいっても、やっていることは男の電話を女の電話につなぐこと、つまりこの時代の後に登場する出会い系サイトの前身であり、いわばツーショットダイヤルだった。

「業者としては、ふつう女が掛ける電話はサクラを雇い、男の調子に合わして話を盛り上げていく。が、Oはそういうことも手抜きして、男の電話に対しては本物の女が電話を掛けてくるまで、延々と音楽を流して課金していた。男としては、いつ女性の電話とつながるのか、いらいらしっぱなしだったはずだ。だから人件費は要らず、Oは儲かりました。毎月億の単位でカネがOのもとに流れ込んできた」（野瀬）

ダイヤルQ２は公衆電話からも利用できた。当時NTTのテレカ（テレフォンカード）に対しては変造機が生まれ、それによる変造テレカが一般に出回っていた。

つまり使用済みテレカに銀紙を貼って小穴を塞ぎ、それに五〇〇〇円度数や一万円度数の料金を磁気情報として書き込むことで、公衆電話で再使用できた。おまけに公衆電話で海外にも電話できたから、来日中国人やイラン人の変造テレカへの需要は旺盛だった。変造テレカを使ってタダ同然で故国に電話することが可能だったからだ。

こうして不良中国人が変造機を買い入れて変造テレカを大量に製造し、それをイラン人が仕入れ、一〇枚を輪ゴムで一束ねにして、新宿駅南口などで堂々と売った。

Oはこの変造テレカに目をつけ、公衆電話に変造テレカを差し放しにしたまま、自分が営むダイヤルQ２につないだ。これによりタダ同然に入手した変造テレカが情報提供サービス料に変身し、NTTが0の口座に料金を振り込んでくる仕掛けだ。
「人類始まって以来のおいしい商売でした。私も月に一〇〇〇万円にはなり、バカバカしくて就職する気にもなれなかった。二つ上の私の兄は大学を出て、IT業界に入りましたが、私は道を間違えた」（野瀬）
野瀬の役割はダイヤルQ2での雑務だった。変造テレカの入手や、その公衆電話への差し込み、通行人の女性にダイヤルQ2への架電を呼び掛けるフライヤーの製作などに従ったわけだが、それで月一〇〇〇万円もの収入になった……。
NTTはテレカの技術を使ってパチンコカードの製作にも乗り出したが、これまた変造パチンコカードの氾濫をもたらし、九五年東日本をエリアとする日本レジャーカードシステムの変造被害額が五五〇億円、西日本がエリアの日本ゲームカードの変造被害額が八〇億円に達したと公表した。合計被害額が六三〇億円。今の特殊詐欺による全国被害額四八六億九三二五万円を上回るのだ。

システム詐欺の母体はテレカ

筆者は先に本藤のシステム詐欺は山口組五菱会のヤミ金を母体にして生まれたと書いた

が、もう一つシステム詐欺の母体はＮＴＴの技術的にお粗末なテレカ、パチンコカードに発したと見ている。

変造カードを詐欺的に使うことで裏社会に巨額の不正・不法な収益をもたらした罪はきわめて重い。技術的に詐欺を許容し、詐欺を社会に蔓延させた。野瀬が「バカバカしくて就職する気になれなかった」というのは、逆にいえばテレカを使った詐欺が野瀬の人生を狂わせたということだろう。ＮＴＴは詐欺使用により被害を負ったからといって、詐欺を蔓延させた社会的責任を逃れられるものではあるまい。

野瀬は言う。

「途中で思ったことは、自分は人生の近道をしているということです。税金は全然払っていない。半年でふつうのサラリーマンの一〇年分は稼ぐ。一つの仕事はやっているうちに世間の警戒が強まり、ヤバくなりますから、二～三年後にはその仕事を終える。そのときには二、三〇〇〇万円は残しています。

この二〇年で五～六個、商売を替えていますが、次の仕事というとき、周りは詐欺系の人間ばかりで、まともな商売は誰一人やっていない。自分もまた詐欺系しか興味を持てない。勢い仕事はヤバ筋の仕事ばかりになりました」

野瀬は去年（二〇一三年）一一月、出資していたデリヘル（デリバリーヘルス、女性派遣型風俗）を締めた。月に三〇万〜四〇万円の収入にはなったが、六年続けてみて、先細りを感じたからだ。

その前は裏ビデオというか裏ＤＶＤ屋をやったが、これは八カ月で撤退した。マスターテープは友人から安く入り、機械は八枚同時にコピーできる高性能のものだったが、ＡＶが出回りすぎて誰も買わず、値は下落の一途だった。今はＤＶＤが三〇〜四〇枚で一万円という値段だ。とうてい商売にならない。唯一値がいいのはロリコン物だけで、これだと一枚三〇〇〇円ぐらいで売れる。ひところは一枚一万円は取れたのだが。

その前はマンションヘルスをやっていた。が、警察から一年で「相対型はダメだ」と警告が来た。客はデリヘル嬢を自宅に呼ぶのを嫌がる。かといって外でとなると、ホテル代がかかる。その点マンションヘルスはシャワーにベッド一つ、一〇室もあれば十分商売になった。不景気時代にいいと思ったのだが、警察の締め付けが厳しく、閉めざるを得なかった。

ポーカーゲームも闇カジノも全部ダメ。闇カジノでやっているところは資本があるところだけ……と、野瀬はぼやいた。

もっともこれらの商売はすべて詐欺の副業としてやる片手間仕事だった。カネが貯まったから、事業にカネを出したにすぎない。

詐欺としては未公開株をやった。欲深い小金持ちからカネを引きずり出し、それをきれいに遊びに使い切る。われわれが日本経済を回していると半ば信じていた。

詐欺仲間にはカネを貯め込んだ人間は一人もいないとも野瀬は言う。手にしたカネはすべて即、費消して日本経済を回したと主張したいのだろう。

詐欺人生の合間を見て、結婚もした。妻はうすうす自分がやっていることを承知しているはずと野瀬は語った。

こういう野瀬も、五菱会のヤミ金が特殊詐欺の原型だと解釈している。

「これで金貸しがみんな詐欺師になった。これに対し、警察は口座を絞り（取締り）、携帯を絞り、根元から蛇口を閉めてきた。だから今は現金の受け渡しも手渡しや私書箱の利用になった。今後一時的に振り込め詐欺がダウンすることがあるかもしれない」

二〇一〇年、南アフリカでＦＩＦＡワールドカップが開催された。野瀬はたまたまこれを見に行き、帰途はアフリカ、中東、シルクロードを経て日本に帰国した。日本に帰ったのは半年ぶりだったが、その間、知り合いのほぼ全員が詐欺の容疑で捕まっていた。

「われわれの業界は仲間で食い合いしない、知らないヤツは入れない、というのが不文律です。覚せい剤で二年刑務所に入って出てきた仲間がいれば、互助会みたいにカンパしてその仲間を助ける。

横のつながりを非常に大事にします。言葉を換えていえば、そういう人間しか仲間にいないってことですけど、帰ると、その景色ががらりと変わっていた。一人二人は逮捕されなかったけど、すでに足を洗っている。

怖くなりました。自分は悪運が強かっただけだ。次はぼくが捕まるしかないって思いました。そろそろ足を洗ってまじめに働けってことだろうと尊敬している先輩に言われましたけど、はい、その通りだと思いますって答えました」

野瀬は本藤より五つ六つ年上の世代だが、本藤のシステム詐欺とは違い、個人プレーの要素をいくぶんか残している。だから彼が属した業界では「知らないヤツは入れない」だったのだろう。組織の拡大・発展は目指さず、そこに籍を置くメンバーの快適なシノギと警察からの安全を狙っていた。

もっとも野瀬も未公開株詐欺で一時期三〇人からのグループを抱えていたという。純然たる個人プレーではないが、それでもやめるときは一人である。「捕まるのは怖い」とはっきり口にしている。

野瀬は自分が逮捕される前に、逮捕されないで済むシノギを探している。今すでに詐欺はやっていない。

族からヤミ金へ

もう一人赤岩智春（仮名、三一歳）という詐欺師を紹介する。川崎市の生まれ。一八歳のとき、族（暴走族）から飛んで（脱退して）、就職情報誌を見て入社した先が、五菱会系のヤミ金だった。二〇〇一年のことである。

勤務先は新宿で、川崎の実家から通ったが、入社一〇カ月でそのヤミ金は解散になった。ちょうど全国の警察によりヤミ金の摘発が始まり、その波を早い時期にかぶったためと見られる。

解散後二カ月だけ鳶の仕事をして食いつないだ。その後また給料がいいのに釣られて、渋谷の小口金融の店に入った。仕事は電話で追い込みをかければよく（利息を入れろ、カネを返せと迫る）、給料は月三〇万円とよかった。

そのころ渋谷道玄坂にはコンビニが二軒あったが、二つの店とも屯するヤミ金の店員たちでたいてい一杯だった。男五人に女一人という店だったが、こういうところに勤める女は平均してキャバ嬢上がりが多かった。

同じような店五〜六店舗を見ている統括の男は堅気で、赤岩に「次の店はお前に任せたい」と言っていたが、都知事免許がなかなか取れなかった。

「当時、ぼくたちが使う電話は固定電話、ビジネスフォンといわれるものだった。警察が入ってきても、まだ『借りたものは返す』、『借りた方がいけない』という時代で、今となってはちょっと考えられない情況だった。

仕事が仕事を教えるというけど、客に貸したんだから、切り取って当たり前という考えになっていく。が、もっと仕事を続けると、自分がよれてくる。一年たった辺りで、ぼくも気持ちが萎えて『辞めます』と、しばらくはまた鳶の仕事をした。

当時、ぼくの家でまともなのは、ぼくと父親だけだった。兄は知的障害を抱え、母はぼくが小学校一年のときから、寝たきりだった。父はパチンコをやったり、ケンカをしたり、経済がいいときも悪いときもあった。まだ子供のぼくが稼いだカネで父親の借金を返したことさえある。

お金を持っていたら、どんなにいいいか。お金がなかったら、人間やってられないと子供のころから思ってました」

鳶を二ヵ月くらいやったころ、先輩の紹介で原宿の小口金融に勤めた。渋谷と同じヤミ金だったが、五菱会に対する摘発が強まり、売上が上がらなくなって給料ももらえなくなった。とうてい食べていけない。

その時他店にいた同い年の友だちが「仲間が新しい仕事を始める。あんたと一緒に入ろうと思っているがどうだ」と声を掛けてきた。出会い系の架空請求詐欺だった。四、五人のグループだった。トバシの携帯とメールアドレスを仕入れて架空請求にかかった。出会い系サイトの利用者はまだ架空請求に免疫を持っていず、確率はかなりよかった。

が、半年でやめた。二〜三ヵ月ぶらぶらした後、友だちに「俺もやめて、独立するわ。二人でやらないか」と誘われた。で、横浜で架空請求詐欺を始めた。

赤岩は個人的にもヤミ金二店舗を持ち、従業員一〇人を抱えていた。一九歳だった。早熟の詐欺師というべきだろう。高校を卒業していず、中卒だが、仕事をする上で学歴は関係ないと分かる。赤岩は表社会に進んでもきちんとした仕事をし、ひとかどの人物になれる能力を持つはずだ。詐欺が優秀な人材を吸引するのは病んだ日本社会の象徴かもしれない。

刑務所内の作文で優秀賞

ヤミ金の従業員の一人がオレオレ詐欺の経験者だった。彼を道案内人に赤岩もオレオレ詐欺を始めることにした。初期投資は架空（第三者名義）銀行口座が三万円（現在は一四万～一五万円という）、六五歳以上の高齢者限定名簿が一〇万円、トバシの携帯が三万円、事務所借り賃は五〇万～六〇万円だった。

二ヵ月もすると被害者に話すストーリーも練れてきた。一回平均五〇万円ぐらいの詐取にとどめていたが、それでも月三〇〇〇万円ぐらいの売上にはなった。

しかしオレオレ詐欺の開業に前後して、広域暴力団系の組員に搾取され始めた。組員は中学生のころ赤岩と仲のよかった不良であり、世話になったこともある。彼にはヤクザとして「男」になってもらいたいという気持ちがあったが、月に二〇〇万円もガジられ始めた。困ったとは思ったが、払えない額ではない。断って事を荒立てるより、払えるうちは払っておこうかと諦めた。

赤岩は二〇歳で結婚した。子供が生後半年になったとき、和歌山の警察に古い事件をほじくり返されて指名手配になった。一年のスパンで共犯者六人ぐらいが逮捕され、赤岩の手配は最後の方だった。

弁護士に相談すると、出頭するしかない、立件されているのは弁済額七〇〇万円ぐらいの事件だ、刑期は七年ぐらいだろうと言われた。

和歌山署に出頭した。求刑三年半のところ一審の判決は二年半だった。控訴せず、一審通りの刑期で関東の刑務所に送られた。中では二年間に七〇冊ぐらい本を読んだ。自分の人生でそんなに多く本を読んだのは初めての経験だった。勉強し、簿記三級の資格も取った。

所内で作文を書く催しもあった。課題は「夢」だった。赤岩も書かされ、テーマを「将来の夢」と考えることにした。両親のことをからめ、将来は老人ホームを建てたい。学校に通っていたときには恨みもした両親をそこに引き取り、他の人にもそこに入ってもらい、仲よく大家族で暮らしていけたらといったことを書いた。

と、これが優秀作に選ばれた。自分でも意外だったし、嬉しく、励みにもなった。刑期を少し早めて二年で刑務所を出た。出所後、自分をガジっていた広域暴力団組員とは切れた。一年で一〇〇〇万円は持って行かれていたから、少なからずほっとした。組員は去年死んだ。出所してから今年で六年になる。妻との間に生まれた子供はもう八歳と四歳になった。

その間、三ヵ月ほどぷらぷらした後、金融業を始めた。一年で一〇〇〇万円ほどの稼ぎになったが、そういう稼ぎで資本をつくり、妻と二人で弁当屋でも開こうかと思っている。刑務所でつらい思いをした。二度と経験したくない場所だ。詐欺師から抜け出さないといけない。裏の仕事はもういい。じゃないと、いつまでたってもきれいなところに行けない――と思った。

詐欺師は足がつくことを恐れ、すべてを携帯電話で間に合わせて、家に固定電話を引かない。しかし家に固定電話がないと、子供を幼稚園にも行かせられない現実があった。

一昨年、健康食品の販売会社をつくった。多少のリスクは背負わないとと思い、一度買ってもらったことのある人たちに「またご注文いただきました。有難うございます」と電話した上、勝手に商品を送りつけた。いわゆる送りつけ（詐欺）商法である。

最初は売れた。一日で売上二〇〇万円の日もあった。が、会社にガサ（家宅捜索）が入り、社員二人が懲役に行くハメになった。赤岩本人は登記上も会社と切れていたから、捜査が身辺に及ぶことはなかったが、もう二度とやらないと決心した。

友だちに大工や不動産屋がいる。それなりにいい給料を取っている。歯医者もいる。月給が六〇万円だという。今は「きれいな仕事でそこまで稼げる、凄いな」と素直に思える。汚い仕事、悪い仕事をして目が無意識にキョロキョロ動くより、額の多寡は問題でなく、キョロキョロしないで済む仕事が立派なのだと思うという。

こうして詐欺師をやめることと逮捕、あるいは逮捕を恐れる気持ちとは密接に関係している。

特殊詐欺の被害者の中には「詐欺は経済的な殺人だ」と断言する者がいる。詐欺被害により人生設計を根底から崩され、路頭に迷い、絶望のあまり自殺さえ考える被害者も多かった。しかし詐欺を行う者たちの反道徳性はイベサーでいわれる「オラオラ」性、つまり逮捕されない程度の法的逸脱を自らに許すレベル程度に発している。

特殊詐欺を行う者たちの多くは、血にまみれた凶行に耐えられない感性を持っているはずだ。わが利益のために殺人もためらわないハードさからは遠い地点で犯罪を行っている。そういう者たちが逮捕を恐れるのは当然の反応ともいえる。彼らの本質は小悪党であり、犯罪的な巨悪ではない。もちろん前章で触れたように詐欺グループからはまがまがしい犯罪者も叢生しているわけだが、それらは例外と考えたい。

よって特殊詐欺の発生件数減に有効な方策はなにより逮捕と刑事罰になろう。とりわけ特殊詐欺グループの上層部を逮捕することは難しいが、それこそ警察や検察がもっとも注力すべきテーマのはずである。

やめるネックは巨額資金

本藤も逮捕で詐欺人生を終わりたくなく、自ら詐欺人生を終えることを選んだ。そのネックとなったのは貯えた巨額資金である。巨額資金は犯罪の物証になり、本藤逮捕の理由になる。他方、巨額資金はそれまでの犯罪の成果である。逮捕で没収されれば、詐欺の帝王としての半生は「ご苦労さん」ということで漫画にされてしまう。

本藤はそれを嫌った。彼自身は詐欺被害者から損害賠償請求の訴えがあれば、被害額の一〇〇%ではなく、利息や迷惑料など込みで一二〇%を返還する法的ルールができればいいとは考えている。

だが、そのようなルールはできていない。万一できた場合、それに備えるためには資金を海外に温存しておくことである。

だが、本藤の海外資金逃避は万全でなかった。何分の一かを実際に海外に保管したが、その効果は日本にカネを戻すことが限りなく難しくなったことだけだった。必要なときに自分で自分のカネを日本に入れられず、自分は使えない。日本でカネを発見される危険から は遠ざかったことだけを慰めにしなければならなかった。

終章　システム詐欺がなくなる日

「儲けたい」「勝ちたい」「隠したい」という欲求

一般的に詐欺は、人の欲望を足がかりに、ターゲットとなる人物に虚偽の事柄を信じさせ、ターゲットの財物やサービスなど、犯人にとって価値あるものを詐取する行為といえる。

システム詐欺（特殊詐欺）も例外ではない。

人の「儲けたい」という欲望を利用することで未公開株詐欺や社債詐欺が、「勝ちたい」という欲求を逆ねじに取ることでパチンコや競馬、ロトなどの必勝法詐欺が、もらえるものを「もらいたい」という欲望に乗ることで還付金詐欺が、「融資してもらいたい」という願望に添う形で融資保証金詐欺が、

エロ画像などをかつて見た、あるいは見ようとした「経歴を隠したい」といった心理に応える形で架空請求詐欺が、

子や孫がした重大な失敗を「なかったことにしたい」「回復したい」という親や祖父母の欲望を突くことでオレオレ詐欺が、

今までにこうむった被害額や損失を「取り戻したい」という欲求を掻き立てることで

「かぶせ」詐欺が、

……それぞれ成立している。

このことから人が欲望を持つかぎり詐欺はなくならないという言い方は可能だろう。あるいは人が自分の持つ欲望を客観視し、その向かう方向を正確に測れるなら、詐欺被害には遭わないという言い方もできるはずだ。

他方、詐欺師の側は自分たちのトークを信じ、騙された人たちを「バカ」か、「業突く張り」と見ている。そういう者たちは自分たちのトークにより財物を詐取されて当然と思っているのだ。

一つにそうとでも蔑視しないかぎり、詐欺という犯罪を行った彼ら自身の疚しさを糊塗できず、心の平安が保てないからだろう。相手がたとえ「バカ」や「業突く張り」であっても、詐欺師がなした詐欺を正当化することはできない。だからせめて被害者を軽蔑して、詐欺されて当然の人間と思いたい。

実際、詐欺師に「詐欺被害に遭わないためにはどうしたらいいのか」と聞くと、思いのほか実践的な答えが返ってくる。

ある詐欺師は、日本人には圧倒的にマネー教育がなされていないと答える。

「医者とか弁護士とか、知的訓練を積んでいるはずの人間だってお金のことを知らない。株券はどういうものか、為替って何か、具体的な形で知らないのだ。

というのは、日本人は子供のころにお金の教育を受けていない。『清く貧しく』がいい、素晴らしいみたいなことだけを教えている。お金に触ることはいやらしいって感じで、大人になってからも人前で財テクの話はしづらい。

デリバティブなんてクズ債を集めてクソも味噌も一緒にして売ってただけの話だけど、事の本質を見抜くだけの目も知識もない。銀行も同じで、バブルに踊り狂って最後にドカンというのはお金が何か分かっていなかった証拠だ。今の日銀でさえ物価とインフレの区別がついていていない」

詐欺師の帝王・本藤彰は次のようなことを勧めた。

「凄くおいしいと未公開株などを勧められたら、詐欺師にこう問い返すといい。

『そんなに儲かるお話なら、あなたもさぞかしその未公開株とやらを何口もお買いになったんでしょうね。いくらお買いになったんです？　えっ、たったそれだけ？　よそから借金してでも全部、買い占めればよかったのに』

儲け話を勧められた者は、なぜ見ず知らずの縁もゆかりもない自分に、この人はこんな儲け話を勧めるのか、不思議に思わなければいけない。間違っても、自分には勧められる理由、たとえば財産を持っているからとか、うぬぼれてはいけない。

あんたも買ったのかと聞き返せば、たいていの詐欺師はしどろもどろになります」

それと電話での勧誘やウソ話をなぜ信用するのか、おかしいともいう。

「たいていの人にとって人生で一番大きい買い物といえば、住宅のはずです。住宅を買うときには現地に行って土地や建物を見、不動産屋にもあれこれ質問して納得して初めて買う。その次に大きいのは車でしょうけど、家、車に準ずるほどの大金を電話だけで簡単に払ってしまう。慎重な人が電話だけで海外の金融商品を並べられるとコロッと信用してしまう。

これはなぜなのか。

日本では九八年以降、海外に送金できるようになり、それ以降、まだ一六年しかたっていない。そういう中でどこそこの国で金《きん》が取れるからとか、どこそこの国は水不足で水脈を出すのにナンボかかる、ついては出資を、などと勧誘される。日本では出資や預かり金については厳しい決めごとがあり、一年後、出資したお金が二倍になりますよ、などと言える道理がない。その点を顧客が質問すると、いや、海外ですから、その条項は適用されないんですよ、で通してしまう。

海外の話は手を尽くしても、確かめようがないんです。ごく一部儲かる話もあるから、一律に信用するなとは言えないけど、よく吟味して、自分で話の真偽を咀嚼してから決めるべきです。

要するに、何千万円という話は対面でするものであって、本来、電話ですませる話ではない。電話勧誘で一〇〇〇万、二〇〇〇万のカネを出すというのは、出す人の神経がおかしいんです。その点、被害者にも非があると思う」

言われてみればその通りだろう。少なくとも営業の人間に直接対面し、相手が差し出す名刺を受け取り、説明を聞き、出されたパンフレットを受け取り、対面後に名刺に書かれた電話に架電して身元を確かめ、提案された事業案に詳細に検討を加えて決断する。

そうまでしても、なおかつ騙される場合があるのだ。

そういう過程をいっさい抜きにして、電話だけで相手を信用し、支払いをするのは騙してほしいと願ったことと同じだろう。

新手の「詐欺被害返金詐欺」

そして今、特に警戒すべきは「詐欺被害返金詐欺」だという。

弁護士は依頼者から着手金を取れる。この着手金の使途は厳しく制限されているが、コンサルタント会社と探偵業者には早期に支払うことができる。だから探偵には親しい弁護士事務所がある。

こういうことを前提にして、まず探偵が詐欺被害者に電話する。

「あなたの被害額五〇〇万円を無料で取り戻します。ダメもとでやってみませんか」

と勧誘する。

「ただし多少、調査料はかかります」

被害者は喜んで承知し、弁護士事務所を嚙ませた上、契約書を交わす。

次に探偵は詐欺被害を与えた社債詐欺会社に電話する。

「お宅の被害者の何某が返金せよと迫っている。うちがその件で委任を受けた。どうですか。私の方で被害者から三〇〇万円取り、お宅にその半分一五〇万円を渡すから、お宅は五〇〇万円詐欺したことをすんなり認めませんか。まあ出来レースというか、商売人同士、儲けましょうよ。お宅だって詐欺したカネを返せって裁判されるのは叶わんでしょう」

「分かったよ」

社債詐欺会社は了解する。

と、探偵は被害者に電話する。

「社債詐欺の会社と話をつけました。五〇〇万円返金すると言ってます。この件はお約束通り無料で結構です。しかし調査料が八〇〇万円かかりました」

被害者は仰天する。なぜそんなに大金がかかったのか質問するだろうが、

「かかったものはかかったんです。領収書もお見せできます。それにあなたは契約書に調査料を払うって書き、署名捺印している。だから払ってもらいます。ちなみに社債詐欺会社は五〇〇万円を月に一万円ずつ五〇〇回の分割で払うと言ってます」

被害者はまたまた仰け反る。五〇〇回の分割払いといえば、四二年間かかるということだ。そんな返され方では返してもらう前に死んでしまう。

被害者はあまりの話に腹を立て、国民生活センターに相談する。

と、センターは、

「五〇〇回の分割でも返金は返金です。一括返金じゃなくても、いいじゃないですか」

と、取り上げてくれない。

そこで探偵は文句たらたらの被害者と話をつける。

「では、社債詐欺会社からの返金分、一万円の五〇〇回分割払いは私の方で引き受けます。つまり私が被害者のあなたから五〇〇万円をいただいたことにする。だから、あなたは調査料八〇〇万円の残り三〇〇万円を私に払って下さい」

こうして探偵は社債詐欺会社と被害者の間のトラブルに介入して、結局三〇〇万円を詐欺会社と山分けし、一五〇〇万円を儲ける。場合によっては詐欺会社に、「詐取した五〇〇万円は自分の働きで返さなくともよくなったのだから」と三〇〇万円をまるまる自分の儲けにする。

もちろん探偵の全部が全部、こういう弱者の食いつぶしをやるわけではない。ごく一部の心ない探偵が詐欺師たちのお相伴に与る。つまり探偵が被害者の「かぶせ」（重ねて取る）をやると解してもいい。

詐欺の被害者としては、探偵を頭から信用することはできない。詐欺被害を重ねることにつながりかねないからだ。同様に弁護士を無批判に信用することも危険である。周知のように弁護士余りの時代で、イソ弁（先輩弁護士事務所の居候弁護士）にさえなれない弁護士が激増している。

弁護士余りを背景にして、システム詐欺の主宰者や半グレ集団のボスが弁護士事務所を主宰することはまま見られる。彼らは蛇の道はヘビで、ヤミ金被害者やシステム詐欺の被害者を、掌を指すように見つけられる。彼らを弁護士に紹介することで過払い金返還請求訴訟など、弁護士に仕事を見つけ、彼ら自身もコンサルタント料や探偵料名目でカネを稼ぐ。そのために彼らはコンサルタント会社や探偵事務所を別に経営している。グループによっては詐欺被害救済サイトを立てて、被害者を誘導し、グループ経営の探偵事務所や弁護士事務所につなげることも行っている。

つまり現在、手段を問わない富の争奪戦が行われている。大ざっぱにいえば、財が偏在しているのは高齢者の方であり（もちろん貧しい老人もいるが、一説に高齢者は死亡時に一人平均三五〇〇万円を残すという）、概して青年は貧しい。また財が偏在しているのは事業経営者の方であり、従業員は貧しい。

ここから詐欺のターゲットにされるのは高齢者であり、詐欺実行の担い手は若者であるという攻守の二極分解が起こる。

しかしシステム詐欺の盛行により、詐欺師たちが主張するように、国民所得の再配分が行われたかといえば、そうではないと否定せざるを得ない。このことは巨富を握る事業家がシステム詐欺に巨額を詐取されたという話を聞かないことに明らかだろう。賢明な金持ちはシステム詐欺師などハナから寄せ付けないから詐取される道理がない。システム詐欺に騙されるのは小金持ちか、詐欺師を軽信した罪でなけなしのカネを奪い取られた貧者か、どちらかとなろう。

つまりシステム詐欺は大金持ちのカネに一指も触れられず、日本の資産構造は微動だにしていない。おそらく富商から奪ったカネを貧者に投げ、江戸期に義賊とされた鼠小僧も同じことだったはずだ。盗みや詐欺で構造的な変化をもたらすことはできない。

詐欺師を守り免罪する者たち

こうしたことを前提にして、システム詐欺とは何か、改めて問いたい。システム詐欺を行う者は、人間が持つ何らかの欠陥という割れ目に侵入して、自分の財欲を満たす者たちである。彼らの人間性は小狡く小心で、被害者に対して悪意と害意、あるいはいたずら心を持つ者たちである。

彼らは不法、不正にカネを詐取して、それをせいぜいキャバクラのドンチャン騒ぎで消費している。彼らは詐欺することで平穏な家庭生活に波を立て、ときに破壊して、何を明らかにしたのか。

日本の福祉政策の脆弱さや孤立した核家族の弱さを明らかにしたのか。それとも現代版姥捨て山伝説を再現、加重して、高齢者を背負って山に捨てるだけでは足りず、身ぐるみ剥いだ上、死体にして山に捨てたのか。

おそらく詐欺師たちはトリックスターでもないはずだ。社会の矛盾を明らかにすることなく、単に矛盾に乗って自分たちが小利を稼いでいる。

彼らは中国で以前言われた「上に政策あれば下に対策あり」を地で行っている。つまり若者に正社員の地位を与えず（生涯派遣）、年々のベースアップを認めず、残業代を払わず、貧しさを強いる労働政策に対して、抜け道的に詐欺という犯罪に手を染めることで収益を得る。「下に対策あり」の「対策」が犯罪とはうそ寒い景色である。

だから、システム詐欺が明らかにしたのはむしろ詐欺従事者たちの本性かもしれない。彼らの立場の貧しさ、犯罪を物ともしない富への渇望、騙される弱者への蔑視、弱者を踏み台にして恥じない利己主義、キャバクラや覚せい剤にしか慰謝を見出せない低レベルなど、彼らは待望のカネを手にしながら、なお貧しさの陰を払えない。

しかし、彼らの「共生者」として一部の探偵や弁護士がいたことに見て取られるように、彼らの周りには広範な取り巻きや、その散財のおこぼれに与ろうとする人たちがいる。

警察はシステム詐欺の末端、ATMでの「出し子」や現金受け渡し場面での「受け子」などは逮捕できても、システム詐欺の上層部に向けて突き上げ捜査することがまるでできていない。

上層部の検挙を狙うなら、警察は下ばかり見ず、視点を変えて上を見なければならない。つまりシステム詐欺中核層以上のキャバクラなどでの大散財に注目する。豪遊の果て大金を現金で支払う者は、現金で日銭が入り、しかも銀行口座などに入金できない者である可能性が高い。

であるなら店長などの協力を得て、そういう客の情報を集めることが先決だが、店長や黒服の多くは警察に協力しない。

「たとえお客が犯罪者であっても、うちの店に大金を落としてくれる太い客が大事だ」という理由からだ。つまり詐欺師の周りには詐欺師と同じ価値観（カネに色はついていない、カネはカネだ）を持つ者たちが無数に存在する。そういう者たちが詐欺師を守り、詐欺師を免罪している。店長やキャバ嬢は詐欺師の持つ拝金主義とそっくり同じものを奉じているから、一銭の得にもならない警察への情報提供などするわけがない。

詐欺師を取り巻く社会も同じように貧しく、理由を問わず、ただ財を得ることが嬉しいのだ。かくしてシステム詐欺師たちはここ当分の間、隆盛を続けると見なければなるまい。

溝口　敦（みぞぐち　あつし）

ノンフィクション作家、ジャーナリスト。1942年東京都に生まれる。早稲田大学政治経済学部卒。出版社勤務などを経て、フリーに。2003年『食肉の帝王』（講談社＋α文庫）で講談社ノンフィクション賞を受賞。著書に『暴力団』（新潮新書）、『溶けていく暴力団』（講談社＋α新書）など多数。暴力団、半グレなど、反社会的勢力取材の第一人者である。

文春新書

961

詐欺《さぎ》の帝王《ていおう》

2014年（平成26年）6月20日　第1刷発行

著　者　溝口　敦
発行者　飯窪成幸
発行所　株式会社　文藝春秋
〒102-8008　東京都千代田区紀尾井町3-23
電話（03）3265-1211（代表）

印刷所　大日本印刷
製本所　大口製本

定価はカバーに表示してあります。
万一、落丁・乱丁の場合は小社製作部宛お送り下さい。
送料小社負担でお取替え致します。

ISBN978-4-16-660961-1

◆日本の歴史

皇位継承　高橋紘・所功
名字と日本人　武光誠
渋沢家三代　佐野眞一
ハル・ノートを書いた男　須藤眞志
古墳とヤマト政権　白石太一郎
昭和史の論点　坂本多加雄・秦郁彦・半藤一利・保阪正康
二十世紀　日本の戦争　阿川弘之・猪瀬直樹・中西輝政・秦郁彦・福田和也
手紙のなかの日本人　半藤一利
県民性の日本地図　武光誠
謎の大王　継体天皇　水谷千秋
歴史人口学で見た日本　速水融
日本兵捕虜は何をしゃべったか　山本武利
孝明天皇と「一会桑」　家近良樹
日本を滅ぼした国防方針　黒野耐
四代の天皇と女性たち　小田部雄次
閨閥の日本史　中嶋繁雄

日本の童貞　渋谷知美
合戦の日本地図　武光誠・合戦研究会
明治・大正・昭和　30の「真実」　三代史研究会
新選組紀行　中村彰彦・写真・神長文夫
大名の日本地図　中嶋繁雄
平成の天皇と皇室　高橋紘
女帝と譲位の古代史　水谷千秋
旧制高校物語　秦郁彦
伊勢詣と江戸の旅　金森敦子
福沢諭吉の真実　平山洋
日本神話の女神たち　林道義
対論　昭和天皇　原武史・保阪正康
明治・大正・昭和史　話のたね100　三代史研究会
名城の日本地図　西ヶ谷恭弘・日竎貞夫
日本文明77の鍵　梅棹忠夫編著
鎮魂　吉田満とその時代　粕谷一希
幻の終戦工作　竹内修司
「昭和80年」戦後の読み方　中曾根康弘・西部邁・松井孝典・松本健一

美智子皇后と雅子妃　福田和也
誰も「戦後」を覚えていない　鴨下信一
日露戦争　勝利のあとの誤算　黒岩比佐子
徳川将軍家の結婚　山本博文
謎の豪族　蘇我氏　水谷千秋
「悪所」の民俗誌　沖浦和光
宗教の日本地図　武光誠
同時代も歴史である　一九七九年問題　坪内祐三
あの戦争になぜ負けたのか　半藤一利・保阪正康・中西輝政・戸高一成・福田和也・加藤陽子
特攻とは何か　森史朗
一万年の天皇　上田篤
十七歳の硫黄島　秋草鶴次
誰も「戦後」を覚えていない［昭和20年代後半篇］　鴨下信一
甦る海上の道・日本と琉球　谷川健一
昭和史入門　保阪正康
江戸城・大奥の秘密　安藤優一郎
昭和十二年の「週刊文春」　菊池信平編
旅芸人のいた風景　沖浦和光

日本のいちばん長い夏　半藤一利編
旗本夫人が見た江戸のたそがれ　深沢秋男
元老 西園寺公望　伊藤之雄
昭和陸海軍の失敗　半藤一利・秦郁彦・平間洋一・保阪正康・黒野耐・戸髙一成・戸部良一・福田和也
昭和の名将と愚将　半藤一利・保阪正康
シェーの時代　泉 麻人
銀時計の特攻　江森敬治
昭和二十年の「文藝春秋」　文春新書編集部編
零戦と戦艦大和　半藤一利・秦郁彦・前間孝則・鎌田伸一・戸髙一成・江畑謙介・兵頭二十八・福田和也・清水政彦
貧民の帝都　塩見鮮一郎
東京裁判を正しく読む　牛村 圭・日暮吉延
昭和天皇の履歴書　文春新書編集部編
誰も「戦後」を覚えていない［昭和30年代篇］　鴨下信一
対談 昭和史発掘　松本清張
幕末下級武士のリストラ戦記　安藤優一郎
山県有朋　伊藤之雄
ユリ・ゲラーがやってきた　鴨下信一
父が子に教える昭和史　半藤一利・藤原正彦・中西輝政・柳田邦男・福田和也・保阪正康他

昭和の遺書　梯 久美子
「阿修羅像」の真実　長部日出雄
謎の渡来人 秦氏　水谷千秋
徳川家が見た幕末維新　徳川宗英
皇太子と雅子妃の運命　文藝春秋編
昭和天皇と美智子妃 その危機に　加藤恭子・田島恭二監修
帝国陸軍の栄光と転落　別宮暖朗
指揮官の決断　早坂 隆
硫黄島 栗林中将の最期　梯 久美子
皇族と帝国陸海軍　浅見雅男
天皇はなぜ万世一系なのか　本郷和人
戦国武将の遺言状　小澤富夫
評伝 若泉敬　森田吉彦
帝国海軍の勝利と滅亡　別宮暖朗
日本人の誇り　藤原正彦
松井石根と南京事件の真実　早坂 隆
「坂の上の雲」100人の名言　東谷 暁
徹底検証 日清・日露戦争　半藤一利・秦郁彦・原剛・松本健一・戸髙一成

天皇陵の謎　矢澤高太郎
謎とき平清盛　本郷和人
よみがえる昭和天皇　辺見じゅん・保阪正康
原発と原爆　有馬哲夫
信長の血統　山本博文
日本型リーダーはなぜ失敗するのか　半藤一利
中世の貧民　塩見鮮一郎
東京裁判 フランス人判事の無罪論　大岡優一郎
児玉誉士夫 巨魁の昭和史　有馬哲夫
伊勢神宮と天皇の謎　武澤秀一
藤原道長の権力と欲望　倉本一宏
継体天皇と朝鮮半島の謎　水谷千秋
国境の日本史　武光 誠

（2013. 11）A

◆世界の国と歴史

二十世紀をどう見るか　野田宣雄
ローマ人への20の質問　塩野七生
民族の世界地図　21世紀研究会編
地名の世界地図　21世紀研究会編
人名の世界地図　21世紀研究会編
歴史とはなにか　岡田英弘
名将たちの戦争学　松村　劭
常識の世界地図　21世紀研究会編
イスラームの世界地図　21世紀研究会編
ハワイ王朝最後の女王　猿谷　要
色彩の世界地図　21世紀研究会編
歴史の作法　山内昌之
ローマ教皇とナチス　大澤武男
食の世界地図　21世紀研究会編
戦争の常識　鍛冶俊樹
フランス7つの謎　小田中直樹
新・民族の世界地図　21世紀研究会編
戦争指揮官リンカーン　内田義雄
空気と戦争　猪瀬直樹
法律の世界地図　21世紀研究会編
ロシア　闇と魂の国家　亀山郁夫　佐藤　優
国旗・国歌の世界地図　21世紀研究会編
金融恐慌とユダヤ・キリスト教　島田裕巳
新約聖書Ⅰ　新共同訳　佐藤優解説
新約聖書Ⅱ　新共同訳　佐藤優解説
池上彰の宗教がわかれば世界が見える　池上　彰
池上彰の「ニュース、そこからですか!?」　池上　彰
チャーチルの亡霊　前田洋平
イタリア人と日本人、どっちがバカ?　ファブリツィオ・グラッセッリ
二十世紀論　福田和也
池上彰のニュースから未来が見える　池上　彰

◆アジアの国と歴史

韓国人の歴史観　黒田勝弘
蔣介石　保阪正康
中国人の歴史観　劉　傑
在日韓国人の終焉　鄭　大均
「南京事件」の探究　北村　稔
中国はなぜ「反日」になったか　清水美和
竹島は日韓どちらのものか　下條正男
在日・強制連行の神話　鄭　大均
東アジア「反日」トライアングル　古田博司
歴史の嘘を見破る　中嶋嶺雄編
〝日本離れ〟できない韓国　黒田勝弘
韓国・北朝鮮の嘘を見破る　鄭　大均　古田博司編
北朝鮮・驚愕の教科書　宮塚利雄　宮塚寿美子
もし、日本が中国に勝っていたら　趙　無眠（富坂聰訳）
百人斬り裁判から南京へ　稲田朋美
乾隆帝　中野美代子

中国雑話 中国的思想　酒見賢一
中国を追われたウイグル人　水谷尚子
旅順と南京　一ノ瀬俊也
若き世代に語る日中戦争　伊藤桂一 野田明美(聞き手)
新 脱亜論　渡辺利夫
中国が予測する“北朝鮮崩壊の日”　綾野 富坂聰編
中国共産党「天皇工作」秘録　城山英巳
外交官が見た「中国人の対日観」　道上尚史
中国の地下経済　富坂 聰
日中韓 歴史大論争　櫻井よしこ・田久保忠衛・古田博司 劉江永・歩平・金燦栄・趙甲濟・洪熒
ソニーはなぜサムスンに抜かれたのか　菅野朋子
金正日と金正恩の正体　李 相哲
中国人一億人電脳調査　城山英巳
緊迫シミュレーション 日中もし戦わば　マイケル・グリーン 張宇燕・春原剛・富坂聰
韓国併合への道 完全版　呉 善花
中国人民解放軍の内幕　富坂 聰
習近平の密約　加藤隆則 竹内誠一郎
北朝鮮秘録　牧野愛博

独裁者に原爆を売る男たち　会川晴之
現代中国悪女列伝　福島香織

◆スポーツの世界

プロ野球のサムライたち　小関順二
力士の世界　33代 木村庄之助
宇津木魂　宇津木妙子
不屈の「心体」　大畑大介
イチロー・インタヴューズ　石田雄太
ワールドカップは誰のものか　後藤健生
野球へのラブレター　長嶋茂雄
山で失敗しない10の鉄則　岩崎元郎
本田にパスの36%を集中せよ　森本美行
駅伝流　渡辺康幸
プロ野球「衝撃の昭和史」　二宮清純
新日本プロレス12人の怪人　門馬忠雄
東京五輪1964　佐藤次郎

(2013. 11) C

◆アートの世界

◆政治の世界

日本国憲法を考える　西　修
田中角栄失脚　塩田　潮
拒否できない日本　関岡英之
憲法の常識 常識の憲法　百地　章
CIA 失敗の研究　落合浩太郎
日本のインテリジェンス機関　大森義夫
ジャパン・ハンド　春原　剛
女子の本懐　小池百合子
政治家失格　田﨑史郎
世襲議員のからくり　上杉　隆
民主党が日本経済を破壊する　与謝野馨
司馬遼太郎 リーダーの条件　半藤一利・磯田道史 鴨下信一他
鳩山一族 その金脈と血脈　佐野眞一
日本人へ リーダー篇　塩野七生
日本人へ 国家と歴史篇　塩野七生
日本人へ 危機からの脱出篇　塩野七生
小沢一郎 50の謎を解く　後藤謙次
財務官僚の出世と人事　岸　宣仁
ここがおかしい、外国人参政権　井上　薫
公共事業が日本を救う　藤井　聡
実録 政治vs.特捜検察　塩野谷晶
テレビは総理を殺したか　菊池正史
日米同盟vs.中国・北朝鮮　リチャード・L・アーミテージ ジョセフ・S・ナイJr. 春原　剛
体験ルポ 国会議員に立候補する　若林亜紀
決断できない日本　ケビン・メア
体制維新——大阪都　橋下　徹 堺屋太一
自滅するアメリカ帝国　伊藤　貫
郵政崩壊とTPP　東谷　暁
独裁者プーチン　名越健郎
政治の修羅場　鈴木宗男
日本破滅論　藤井　聡 中野剛志
特捜検察は誰を逮捕したいか　大島真生
地方維新vs.土着権力　八幡和郎
「維新」する覚悟　堺屋太一
新しい国へ　安倍晋三
アベノミクス大論争　文藝春秋編
国会改造論　小堀眞裕
小泉進次郎の闘う言葉　常井健一
憲法改正の論点　西　修

(2013. 11) D

文春新書

◆経済と企業

マネー敗戦　吉川元忠
金融工学、こんなに面白い　野口悠紀雄
日本企業モラルハザード史　有森　隆
エコノミストは信用できるか　東谷　暁
臆病者のための株入門　橘　玲
団塊格差　三浦　展
熱湯経営　樋口武男
定年後の8万時間に挑む　加藤　仁
ポスト消費社会のゆくえ　辻井　喬／上野千鶴子
霞が関埋蔵金男が明かす「お国の経済」　髙橋洋一
石油の支配者　浜田和幸
強欲資本主義 ウォール街の自爆　神谷秀樹
日本経済の勝ち方 太陽エネルギー革命　村沢義久
ハイブリッド　木野龍逸
エコノミストを格付けする　東谷　暁
就活って何だ　森　健

新・マネー敗戦　岩本沙弓
自分をデフレ化しない方法　勝間和代
先の先を読め　樋口武男
JAL崩壊　日本航空・グループ2010
明日のリーダーのために　葛西敬之
ユニクロ型デフレと国家破産　浜　矩子
もし顔を見るのも嫌な人間が上司になったら　江上　剛
ぼくらの就活戦記　森　健
ゴールドマン・サックス研究　神谷秀樹
出版大崩壊　山田　順
東電帝国 その失敗の本質　志村嘉一郎
修羅場の経営責任　国広　正
資産フライト　山田　順
さよなら！ 僕らのソニー　立石泰則
ビジネスパーソンのための契約の教科書　福井健策
日本人はなぜ株で損するのか？　藤原敬之
日本国はいくら借金できるのか？　川北隆雄
高橋是清と井上準之助　鈴木　隆

ビジネスパーソンのための企業法務の教科書　西村あさひ法律事務所編
サイバー・テロ 日米vs.中国　土屋大洋
ブラック企業　今野晴貴
新・国富論　浜　矩子
税金 常識のウソ　神野直彦
エコノミストには絶対分からないEU危機　広岡裕児
『ONE PIECE』と『相棒』でわかる！細野真宏の世界一わかりやすい投資講座　細野真宏
通貨「円」の謎　竹森俊平
こんなリーダーになりたい　佐々木常夫
日本型モノづくりの敗北　湯之上隆
売る力　鈴木敏文
日本の会社40の弱点　小平達也

(2013. 11) B

◆こころと健康・医学

◆教える・育てる

幼児教育と脳　澤口俊之
不登校の解法　団　士郎
大人に役立つ算数　小宮山博仁
子どもが壊れる家　草薙厚子
父親のすすめ　日垣　隆
食育のススメ　黒岩比佐子
明治人の作法　横山験也
こんな言葉で叱られたい　清武英利
著名人名づけ事典　矢島裕紀彦
人気講師が教える理系脳のつくり方　村上綾一

◆サイエンス

もう牛を食べても安心か　福岡伸一
巨匠の傑作パズルベスト100　伴田良輔
人類進化99の謎　河合信和
インフルエンザ21世紀　瀬名秀明 鈴木康夫監修
「大発見」の思考法　山中伸弥 益川敏英
原発安全革命　古川和男
ロボットが日本を救う　岸　宣仁
巨大地震 権威16人の警告　『日本の論点』編集部編
同性愛の謎　竹内久美子
太陽に何が起きているか　常田佐久
生命はどこから来たのか？　松井孝典

◆食の愉しみ

発酵食品礼讃　小泉武夫
毒草を食べてみた　植松　黎
中国茶図鑑（カラー新書）　工藤佳治 俞向紅 写真・丸山洋平
チーズ図鑑（カラー新書）　文藝春秋編
ビール大全　渡辺　純
実践 料理のへそ！　小林カツ代
一杯の紅茶の世界史　磯淵　猛
牡蠣礼讃　畠山重篤
鮨屋の人間力　中澤圭二
歴史のかげにグルメあり　黒岩比佐子
世界奇食大全　杉岡幸徳
すきやばし次郎 鮨を語る　宇佐美伸
辰巳芳子 スープの手ほどき 和の部　辰巳芳子
辰巳芳子 スープの手ほどき 洋の部　辰巳芳子
ウイスキー粋人列伝　矢島裕紀彦
イタリアワイン㊙ファイル　ファブリツィオ・グラッセッリ

（2013. 11）E

文春新書好評既刊

溝口 敦
歌舞伎町・ヤバさの真相

犯罪・エロス・欲望の都は、いかに生まれ、どこに向うのか。怖さの根源をたどり、歓楽の核心に迫る。600メートル四方(!)の盛り場の科学

705

鈴木智彦
潜入ルポ ヤクザの修羅場

脅迫は日常茶飯事、記事への抗議から襲撃され全治1ヶ月。気鋭のヤクザ専門ライターが命がけで書いた暴力団社会の最新ウラ事情

793

有馬哲夫
児玉誉士夫 巨魁の昭和史

戦前は右翼の大立者として、そして戦後は55年体制下のフィクサーとして暗躍した児玉。その生涯をCIA内部文書をもとに描き出す

904

福島香織
現代中国悪女列伝

昔から中国には悪女が多い。薄熙来の妻など現代も健在だ。なぜ中国の悪女はこれほど凄まじいか。彼女らの素顔と中国の本質に迫る

946

森 功
平成経済事件の怪物たち

許永中、金丸信、小沢一郎、高橋治則、磯田一郎、尾上縫、江副浩正……15人の〝怪物〟を通して、平成日本の暗部を浮き彫りにする

952

文藝春秋刊